HOY A RORO LE APETECÍA

HOY A RORO LE APETECÍA

RECETAS QUE TRANSFORMAN CADA PLATO
EN UN AUTÉNTICO ACTO DE AMOR

Rocaeditorial

Primera edición: junio de 2025

La autora da su conformidad a las fotografías de las recetas presentadas el 24 de abril de 2025, realizadas por la fotógrafa Heva Hernández y tratadas por el editor mediante el software de imágenes Adobe Firefly.

Diseño de cubierta: Penguin Random House Grupo Editorial

Printed in Spain – Impreso en España

ISBN: 978-84-10442-24-5
Depósito legal: B-6273-2025

Compuesto por Roser Colomer Pinyol

Impreso en Talleres Gráficos Soler S. A.
Esplugues de Llobregat (Barcelona)

RE 4 2 2 4 A

A mi madre, a Pablo, a mi abuela
y a mis amigos, porque sin ellos
no habría recetas

SUMARIO

INTRODUCCIÓN

Este no es solo un libro de recetas. Es un recorrido por las personas que me han marcado y los sabores y momentos que me han definido. Cada bloque está dedicado a alguien importante en mi vida —mi madre, Pablo, mi abuela, mis amigos y yo misma— y cada receta es un pequeño homenaje cargado de intención, recuerdos y mucho mucho cariño.

Aquí encontraréis recetas completas, explicadas paso a paso, pensadas para que podáis hacerlas de principio a fin. Pero también quiero que sepáis que no pasa nada si decidís simplificarlas. Podéis comprar la pasta hecha, usar una base ya preparada o adaptar cada plato a vuestro ritmo, vuestras ganas y vuestros recursos. Lo importante es que cocinéis desde el corazón, como lo he hecho yo escribiendo este libro.

Para mí, el sabor lo es todo. Cocinar con sabor es cocinar con emoción. No hay que tenerle miedo ni a la sal ni al azúcar, porque cuando se usan bien, transforman un plato en una experiencia. Un toque extra de sal puede convertir un bocado en algo inolvidable, y un dulzor bien colocado puede hacer que se te cierren los ojos de puro placer. No se trata de disfrazar, sino de resaltar, de llevar cada receta a su versión más intensa y deliciosa.

Así que abrid el libro, elegid a quién queréis cocinarle hoy —o si hoy cocináis para vosotros— y dejaos llevar. Las recetas están aquí para guiaros, pero vosotros decidís el camino. Que cada plato que preparéis os recuerde lo poderosa que puede ser una comida bien hecha. Y que, sobre todo, os haga felices.

PARA MI MADRE

Ella fue quien me enseñó que cocinar también es cuidar. Que el arroz se hace a ojo pero el cariño siempre a raudales. Cocinar para mi madre es como devolverle un poquito de todo lo que me ha dado. Es hacerle saber, plato a plato, que me acuerdo de sus gustos, de sus gestos, de su manera de disfrutar la comida. Aquí le cocino con el amor con el que ella siempre ha cocinado para mí.

PAD THAI DE GAMBAS AL AJILLO CON CACAHUETES GARRAPIÑADOS EN SOJA

DIFICULTAD: ●●●●●

Esta receta es una forma de fusionar lo exótico con lo nuestro, como tantas veces he visto en su cocina. Las gambas al ajillo me recuerdan a los sabores que ella adora, pero aquí las transformo en algo nuevo. Sé que se sorprenderá y le encantará. Es un plato pensado para hacerla viajar sin salir de casa. Es muy especial para mí porque fusiona tres de las pasiones más grandes de mi madre: probar cosas nuevas, unas buenas gambas al ajillo e ir a un restaurante tailandés conmigo en nuestro día de chicas. Esta receta la creé especialmente para ella pensando en la cara de felicidad que se le pondría cuando se lo preparara. Es un plato que respira amor; no solo el amor que le tengo a mi madre, sino también el amor por la comida tradicional de ambas culturas. Espero que a vosotros os guste tanto como le gustará a ella.

Pad thai de gambas al ajillo con cacahuetes garrapiñados en soja

INGREDIENTES

DEL PAD THAI:

- 200 g de tallarines de arroz
- 300 g de gambas
- 7 dientes de ajo
- 1 chalota (picada fino)
- 3 guindillas de cayena
- 2 huevos
- 100 ml de aceite de oliva
- 1 cucharadita de bicarbonato de sodio
- 100 g de brotes de soja
- 2 cucharaditas de azúcar de palma (podéis sustituirlo por azúcar moreno si no encontráis el de palma)
- 1 cucharada de pasta de tamarindo (si no encontráis, podéis usar un poco de vinagre de arroz, aunque el sabor será diferente)
- 2 cucharadas de salsa de pescado (muy importante para el sabor umami)
- 2 cucharaditas de jugo de lima
- 1 lima cortada en gajos (para servir)
- cacahuetes garrapiñados en soja

DE LOS CACAHUETES GARRAPIÑADOS:

- 100 g de cacahuetes crudos pelados (sin sal)
- 2 cucharadas de salsa de soja
- 1 cucharada de azúcar moreno
- 1 cucharada de agua

ELABORACIÓN

Colocamos los cacahuetes en la sartén y los dejamos tostar suavemente para que liberen toda su fragancia. Los apartamos, y en una cazuela combinamos la salsa de soja, el azúcar moreno y el agua, dejando que todo se disuelva lentamente. Le añadimos entonces los cacahuetes y los cocinamos a fuego bajo hasta que se evapore el líquido y el cacahuete adquiera el brillo dorado característico del garrapiñado. Cuando ya estén listos, los pasamos a una bandeja para que se enfríen y los picamos con el cuchillo en trocitos.

Pelamos y desvenamos las gambas con delicadeza. En un bol les echamos sal al gusto, una cucharadita de bicarbonato para que se queden tersas al cocinarlas y las dejamos marinar un rato mientras hacemos el resto de las elaboraciones. Calentamos el aceite en una sartén, añadimos las cáscaras de las gambas, las guindillas y 4 dientes de ajo enteros. Lo freímos todo durante 5 minutos aplastando las cáscaras para que suelten todo su jugo y sabor. Cuando el aceite ya haya cobrado ese tono dorado naranjizo tan bonito, lo colamos. Este aceite es oro líquido.

Remojamos en agua hirviendo los tallarines de arroz durante 10 minutos. Mientras tanto nos ponemos a hacer la deliciosa salsa de este plato. En un bol mezclamos tamarindo, jugo de lima, azúcar de palma y salsa de pescado. Debemos conseguir un balance perfecto entre ácido, dulce y salado.

En una sartén o wok calentamos nuestro aceite infusionado, le añadimos las gambas, las sofreímos durante 1 minuto hasta que su color empiece a cambiar a un rosita palo y las retiramos. Es muy importante que no se hagan demasiado, ya que las vamos a volver a meter al fuego.

En ese mismo aceite sofreímos 3 dientes de ajo en láminas y la chalota hasta que estén bien pochaditos, y los apartamos a un lado de la sartén. En el centro echamos los huevos y los rompemos rápidamente como si estuviéramos haciendo huevos revueltos, mezclando el huevo con el aroma del ajo y la chalota. Añadimos los fideos y nuestra deliciosa salsa. Cocinamos y mezclamos todo durante 3 minutos hasta que los fideos queden tiernos. Añadimos las gambas, los brotes de soja y la mitad de los cacahuetes troceados. Lo salteamos suavemente hasta que se mezcle todo bien y emplatamos.

Lo servimos en un plato con un gajo de lima, la otra mitad de cacahuetes troceados y los brotes de soja, y ya podremos disfrutar de este irresistible plato fusión.

SLICED ONION

CHURRO DE PARMESANO CON STEAK TARTAR Y CAVIAR DE ANCHOAS

DIFICULTAD: ●●●●●

La primera vez que probé el steak tartar fue con mi madre. Fue una experiencia inolvidable y todavía recuerdo el contraste del crujiente de la tosta y la jugosidad del tartar. Esa combinación maravillosa de dulce, salado y picante. Desde aquel momento, cada vez que vamos a un restaurante juntas lo primero que hacemos es buscarlo en la carta. Este plato intenta replicar la memoria que tengo de aquel día, pero con más matices de sabor para poder disfrutar plenamente de cada elemento. Espero que lo améis tanto como lo amamos nosotras y que también se convierta en una experiencia inolvidable para vosotros.

Churro de parmesano con steak tartar y caviar de anchoas

INGREDIENTES

DEL CHURRO:

- 300 ml de agua
- 170 g de harina de trigo
- 1 cucharadita de sal
- 60 g de parmesano rallado
- 10 g de azúcar
- aceite de oliva para freír

DEL STEAK TARTAR:

- 200 g de solomillo de ternera
- 1 yema de huevo
- 100 ml de salsa de soja
- 1 cucharadita de mostaza antigua
- 10 g de alcaparras (picadas muy fino)
- 10 g de alcaparras (enteras)
- 10 g de chalota (picada muy fina)
- 1 chorrito de salsa Worcestershire
- 1 chorrito de aceite de oliva
- unas gotas de tabasco
- sal y pimienta negra al gusto

DEL CAVIAR DE ANCHOAS:

- 50 g de anchoas
- 150 ml de agua
- 1,5 g de agar-agar
- 200 ml de aceite de girasol

ELABORACIÓN

En primer lugar ponemos el aceite para el caviar en un bol y lo metemos en el congelador. Después curamos una yema en un bol hundiéndola en salsa de soja.

Cuando ya estén listas todas las preparaciones previas nos ponemos con la masa de nuestro churro de parmesano. Calentamos el agua con la sal, el azúcar y el parmesano en un cazo, y cuando rompa a hervir echamos la harina y removemos todo rápidamente hasta que se forme la masa. Esperamos a que se enfríe un poquito y luego la amasamos con la mano hasta que se quede homogénea y suave.

Metemos la masa en la churrera y sacamos un churro en forma de caracola encima de papel de horno. Cogemos la caracola y la freímos en aceite caliente hasta que esté doradita y se llene la cocina de olor a churros recién hechos. La sacamos y la ponemos sobre papel absorbente mientras preparamos el resto de las elaboraciones. Aprovechamos el aceite caliente para freír y echamos unas cuantas alcaparras enteras hasta que se abran en forma de flor, las dejamos en el papel absorbente junto al churro.

Ponemos las anchoas a cocer en agua y cuando esté a punto de romper el hervor apagamos el fuego. Colamos el líquido de las anchoas y cocemos con el agar-agar. Cuando hierva lo apartamos y lo metemos en un biberón de cocina. Lo dejamos reposar 5 minutos para que se enfríe un poco. Luego lo echamos gota a gota sobre el aceite que habíamos enfriado antes. Dejamos reposar las bolitas de caviar en el aceite durante 3 minutos y las sacamos con un minicolador.

Para el steak tartar vamos a cortar el solomillo en daditos muy finos con el cuchillo. Después en un bol juntamos la yema curada con la salsa Worcestershire, la mostaza, el tabasco, la sal, la pimienta y el aceite. Lo mezclamos todo bien para emulsionarlo y le echamos la chalota, las alcaparras y el solomillo picado. Lo mezclamos todo y ya lo tenemos listo.

Ponemos una cucharada de steak tartar sobre la caracola de churro, incrustamos las flores de alcaparra en el steak tartar y le ponemos una cucharada de caviar de anchoas por encima.

Es un entrante perfecto para empezar una comida con amigos. Y prepararle este plato a alguien que sabéis que lo va a disfrutar es un gran acto de amor.

SALMOREJO CON HELADO DE QUESO MANCHEGO Y CRUJIENTE DE JAMÓN SERRANO

DIFICULTAD: ● ● ● ● ●

Un salmorejo acidito, un helado dulce de queso y un crujiente del jamón..., ¿qué podría ser mejor? Mi madre siempre dice la misma frase: «Podría vivir toda la vida comiendo jamón, gambas y queso, y nunca me cansaría». Llevo toda mi vida escuchándola, así que ahora, cada vez que veo un plato con alguno de estos ingredientes, me acuerdo de ella. El crujiente de jamón y el helado de queso manchego combinan a la perfección con este salmorejo cordobés. Es un plato que ama la tradición y los ingredientes españoles que tanto le gustan a mi madre.

Salmorejo con helado de queso manchego y crujiente de jamón serrano

INGREDIENTES

DEL SALMOREJO:

- 1 kg de tomates maduros (preferiblemente de pera o rama, bien rojos y jugosos)
- 150 g de pan blanco (del día anterior, sin corteza)
- 3 dientes de ajo (ajustad al gusto según la intensidad que prefiráis)
- 100 ml de aceite de oliva virgen extra
- sal al gusto
- 1 cucharada de vinagre (opcional, según vuestra preferencia)

DEL HELADO DE QUESO MANCHEGO:

- 200 g de queso manchego curado (rallado o troceado fino)
- 500 ml de nata para montar (35 % de grasa)
- 250 ml de leche entera
- 100 g de azúcar
- 4 yemas de huevo
- 1 pizca de sal

DEL CRUJIENTE DE JAMÓN SERRANO:

- jamón serrano en lonchas

ELABORACIÓN

Ponemos el pan en remojo durante 10 minutos. Mientras tanto pelamos los tomates con delicadeza. Los trituramos con el pan y el ajo para que se fusionen los sabores y vamos añadiendo con un hilo constante el aceite para que emulsione y se convierta en una crema espesita y aterciopelada. Ajustamos de vinagre y sal al gusto y lo metemos en la nevera para que repose y se enfríe.

Calentamos la leche y la nata con el queso en una olla hasta que se funda entero. Lo dejamos enfriar. Mientras, batimos las yemas con el azúcar hasta que estas cambien su color a uno pálido. Añadimos la mezcla de nata a las yemas y lo cocinamos a fuego lento sin parar de mover hasta que espese ligeramente. Entonces montaremos un baño maría invertido poniendo la mezcla en un bol dentro de otro bol más grande con hielo y sal, y removemos hasta que se vaya formando el helado.

Por último, colocamos las lonchas de jamón entre papel de cocina en el microondas minuto a minuto hasta que se quede bien crujiente.

Emplatamos el salmorejo con una bola de helado y el jamón crujiente, y nos preparamos para degustar esta maravilla.

TIRADITO DE LUBINA CON LECHE DE TIGRE DE AJÍ, ALIOLI DE LIMA Y BONIATO EN TEXTURAS

DIFICULTAD: ●●●●●

La gastronomía peruana es de las mejores del mundo, sus platos son el reflejo de la diversidad de su cultura. Esta receta se centra concretamente en la cocina nikkei, una fusión peruana-japonesa que nació a raíz de las grandes oleadas de inmigración asiática que se dieron en el siglo XIX. *Con ellos trajeron su cultura, sus costumbres y, por supuesto, sus formas de cocinar. Hoy es considerada una rama más de la gastronomía peruana al igual que otras como la chifa (fusión china). Mi madre tiene una debilidad especial por la comida nikkei desde que la llevé en su cumpleaños a mi restaurante peruano favorito de Madrid. La fusión de sabores y culturas es algo digno de degustar, por lo que he preparado un tiradito de lubina que combina la técnica del sashimi con los sabores tradicionales peruanos.*

Tiradito de lubina con leche de tigre de ají, alioli de lima y boniato en texturas

INGREDIENTES

DEL TIRADITO DE LUBINA:

- 300 g de filete de lubina (sin piel ni espinas, cortado en láminas finas)
- sal fina y pimienta blanca al gusto

DE LA LECHE DE TIGRE DE AJÍ:

- 100 ml de zumo de limón
- 1 diente de ajo (pequeño)
- 1 trozo pequeño de jengibre (aproximadamente 1 cm)
- ¼ de cebolla roja
- 1 ramita de cilantro (solo las hojas)
- 1 ají amarillo fresco (sin semillas, ajustad según el nivel de picante deseado)
- 50 ml de fumet de pescado (o agua fría)
- sal y pimienta al gusto

DEL ALIOLI DE LIMA:

- 200 g de aceite de girasol
- 1 huevo
- 15 ml de zumo de lima
- 1 diente de ajo
- una pizca de sal

DEL BONIATO EN TEXTURAS:

- 200 g de boniato
- aceite para freír
- 1 cucharada de azúcar
- 30 ml de leche

ELABORACIÓN

Preparamos la lubina cortando los filetes en láminas casi translúcidas y las colocamos en un plato, lo cubrimos con papel de plástico y lo metemos en la nevera.

En una batidora licuamos el ajo, el jengibre, la cebolla, el cilantro y el ají amarillo con el zumo ácido de limón y el fumet de pescado hasta que se forme la mezcla homogénea que estamos buscando. La pasamos por un colador para eliminar posibles grumos y apartamos la elaboración a un lado.

En un vaso de batidora ponemos el huevo, el aceite de girasol, el zumo de lima, una pizca de sal y un diente de ajo. Lo batimos para emulsionar la mayonesa, con paciencia al principio, sin mover la batidora del fondo. Cuando empiece a emulsionar alzaremos la batidora poco a poco para que se emulsione también la parte superior de la mezcla. Cuando tengamos nuestro alioli, lo refrigeramos en la nevera.

Por último, pelamos el boniato y lo cortamos firmemente por la mitad. Una de las mitades la cocemos en agua y la otra la cortamos en láminas finitas y las freímos en aceite hasta que queden bien crujientes. Cuando la primera parte del boniato esté cocida, la pasamos a un bol. Ahora disponemos de varias opciones: podemos aplastarla con un tenedor, pasarla por un pasapurés o por un colador. Las tres darán resultados distintos en cuanto a textura. Le añadimos el azúcar y la leche, y removemos hasta que se quede una crema de boniato homogénea y untuosa.

Sacamos el plato de lubina, colocamos las láminas de forma bonita y echamos en el plato la leche de tigre dejando que las cubra ligeramente. Añadimos con delicadeza pequeños puntos de alioli y crema de boniato, ya sea con un biberón o con una cuchara. Y, por último, el toque final lo damos con el boniato crujiente a modo de decoración.

Este plato se puede servir como entrante en una comida, pero si lo amáis tanto como nosotras, lo podéis presentar como plato principal.

CAUSA DE PULPO EN TEXTURAS CON MOJO COREANO Y CREMA DE ACEITUNAS

DIFICULTAD: ●●●●●

Otro de los platos peruanos que más amo es la causa. Suele ser una torre de pasta de patata rellena. La más típica es la causa limeña, rellena de aguacate, pollo y mayonesa. En este caso he preparado una versión más sofisticada creando una fusión peruano-coreana con la salsa agridulce de gochujang. La idea de fusionar estos sabores nace de un día en el que mi madre y yo no sabíamos decidir qué comer. A mí me apetecía pollo frito coreano y a ella comida peruana. Cada vez que veo esta receta solo puedo pensar en que ojalá se me hubiera ocurrido este plato aquel día, porque sé que le habría encantado.

Causa de pulpo en texturas con mojo coreano y crema de aceitunas

INGREDIENTES

DE LA CAUSA:

- 500 g de patata amarilla
- 1 cucharada de pasta de ají amarillo
- 2 cucharadas de aceite de oliva
- el zumo de 1 limón
- sal y pimienta al gusto

DEL MOJO COREANO:

- 1 cebolla mediana (picada finamente)
- 1 cucharada de gochujang
- 1 chorrito de salsa de soja
- 1 chorrito de vinagre de arroz
- 1 cucharadita de miel
- sal y pimienta al gusto
- aceite de sésamo

DEL PULPO EN TEXTURAS:

- 200 g de pulpo cocido
- aceite de oliva virgen extra para freír
- panko o pan rallado
- 1 huevo

DE LA CREMA DE ACEITUNAS:

- 100 g de aceituna morada
- 1 huevo
- 200 ml de aceite de girasol
- 1 cucharadita de mostaza
- sal al gusto

DEL EMPLATADO:

- 100 g de aguacate

ELABORACIÓN

Ponemos a cocer las patatas amarillas hasta que se queden bien blanditas, las sacamos y las pasamos por un pasapuré o un colador para que no queden grumitos. Le echamos 1 cucharada de pasta de ají amarillo, 2 cucharadas de aceite de oliva, el zumo de limón, la sal y pimienta al gusto, y lo mezclamos todo hasta que se forme una masa uniforme de patata amarilla. La metemos en una manga pastelera y la apartamos mientras elaboramos el resto.

Sofreímos la cebolla en aceite de sésamo, le añadimos el gochujang, la salsa de soja, el vinagre de arroz y la miel. Lo movemos todo hasta que se quede una salsa homogénea. Lo pasamos a un biberón de cocina y lo apartamos.

En un vaso de batidora montamos una mayonesa normal con huevo y aceite de girasol, y cuando ya esté emulsionada le añadimos las aceitunas, la sal y la mostaza. Cuando la crema de aceitunas esté lista, la echamos en otro biberón y nos ponemos a preparar el pulpo.

Cortamos los tentáculos del pulpo en rodajas, la mitad los dejamos para emplatar y el resto los rebozamos pasándolos por huevo y panko, y los freímos.

Por último, nos ponemos a emplatarlo todo bonito. Colocamos la causa con la manga pastelera en la forma que queramos. Añadimos las rodajas de pulpo por encima con la crema de aceitunas y trocitos de aguacate, y ponemos puntos de salsa coreana entremedias.

La suavidad de la patata amarilla, el pulpo presentado en texturas contrastantes, el toque salado de la crema de aceitunas y la explosión de sabores del mojo coreano hacen de esta causa una experiencia vibrante y llena de matices.

TARTAR DE ATÚN SOBRE AJOBLANCO Y CAVIAR DE UVA

DIFICULTAD: ●●●●●

El atún es el rey del mar y casualmente es el pescado favorito de mi madre. La textura cremosa del ajoblanco combina perfectamente con la frescura del tartar de atún y del caviar de uva. Es un plato mediterráneo con un giro moderno asiático que habla de contrastes, de encuentros inesperados. Hay pocos platos que puedan realmente conquistar a mi madre, pero sé que este va a ser su debilidad. Espero que también la vuestra.

Tartar de atún sobre ajoblanco y caviar de uva

INGREDIENTES

DEL TARTAR:

- 200 g de lomo de atún fresco
- 1 cucharada de salsa de soja
- 1 cucharada de aceite de sésamo
- 1 cucharadita de zumo de lima o limón
- ½ cucharadita de jengibre fresco rallado
- 1 chalota (picada)
- sal y pimienta al gusto

DEL AJOBLANCO:

- 100 g de almendras crudas (peladas)
- 4 dientes de ajo pequeño (ajustad al gusto)
- 100 g de miga de pan blanco (remojada en agua y exprimida)
- 100 ml de leche fría (o más, según la consistencia deseada)
- 2 cucharadas de aceite de oliva virgen extra
- 1 cucharada de vinagre de Jerez
- sal al gusto

DEL CAVIAR DE UVA:

- 100 ml de zumo de uva (mejor si es natural)
- 1 g de agar-agar
- 1 vaso de aceite de girasol frío (enfriado en el congelador durante 30 minutos)

ELABORACIÓN

Primero cortamos el lomo de atún en taquitos pequeños. En un bol mezclamos la salsa de soja, el jengibre, el zumo de lima, el aceite de sésamo, la chalota, la sal y la pimienta. Añadimos el atún y lo mezclamos todo hasta que cada trocito quede impregnado con la salsa.

Batimos las almendras con el ajo, la miga y la leche en un vaso de batidora. Añadimos el aceite a hilo mientras batimos hasta que consigamos la consistencia que queramos. Rectificamos el sabor con sal y vinagre, y lo metemos en la nevera para que se enfríe.

Calentamos el zumo de uva con el agar-agar y cuando hierva 1 minuto lo apartamos del fuego. Lo pasamos a un biberón de cocina y vamos echándolo gota a gota en el aceite frío para formar las bolitas de caviar. Las dejamos reposar 3 minutos en el aceite y las sacamos con un colador.

Empezamos a emplatar. En un plato ponemos el ajoblanco con el tartar en medio y colocamos el caviar de uva a los lados, y a disfrutar.

RAMEN TONKOTSU DE CURRY JAPONÉS CON CHASU Y PIÑA ASADA CARAMELIZADA

DIFICULTAD: ●●●●●

Quería hacerle una sopa potente, de esas que reconfortan, pero con un toque viajero. El ramen con curry, la piña, el chasu..., toda una explosión de sabores. Esta es una receta larga, de las que se pueden hacer una vez al año, de las que se convierten en especiales. Una receta larga es larga por todo el amor que inviertes en ella. Cuantas más elaboraciones tenga un plato y más tiempo dejéis marinar sus sabores, más profundo será el vínculo que crearéis con él. Cada minuto dedicado es una promesa de que el esfuerzo será recompensado en cada bocado, transformando el plato en un auténtico acto de amor, en este caso hacia mi madre.

Ramen tonkotsu de curry japonés con chasu y piña asada caramelizada

INGREDIENTES

DEL CALDO TONKOTSU DE CURRY:

- ½ kg de huesos de cerdo
- 4 dientes de ajo
- 1 trozo de jengibre (3-4 cm)
- 1 cebolla grande (partida por la mitad)
- 1,5 l de agua
- 1 cucharada de miso blanco
- 1 o 2 cubos de curry japonés golden al gusto
- 1 cucharada de salsa de soja

DE LA PIÑA ASADA CARAMELIZADA:

- 2 rodajas de piña fresca
- 1 cucharadita de azúcar moreno por rodaja
- 1 pizca de sal
- unas gotas de aceite de sésamo

DE LOS NOODLES DE RAMEN:

- 200 g de harina de trigo de fuerza
- 1 cucharadita de sal
- ½ cucharadita de bicarbonato de sodio
- 75 ml de agua

DEL CHASU:

- 500 g de panceta de cerdo (en una pieza sin piel)
- 100 ml de salsa de soja
- 50 ml de mirin
- 50 ml de sake (opcional)
- 2 cucharadas de azúcar
- 2 dientes de ajo (aplastados)
- 1 trozo de jengibre (en rodajas)
- 1 tallo de cebolla verde

ELABORACIÓN

Primero lavamos bien los huesos de cerdo para evitar las impurezas, después los hervimos durante 10 minutos y desechamos esa agua. Los enjuagamos y los colocamos en una olla con agua limpia. Añadimos el ajo, el jengibre y la cebolla, y lo ponemos a cocer. Cuando hierva bajamos el fuego y lo dejamos cocer 8 horas, quitándole de vez en cuando esa espumilla que se forma en la superficie.

Mientras se cuecen todos los sabores de nuestro caldo, nos ponemos a preparar el chasu. Enrollamos la panceta de cerdo con la grasita hacia fuera y la atamos bien con cordón para que mantenga su forma. La marcamos en una sartén sin aceite hasta que quede bien doradita y huela a gloria. Entonces añadimos salsa de soja, mirin, sake, azúcar, ajo, jengibre y agua hasta cubrir la panceta. Lo dejamos cociendo a fuego medio durante unas 2-3 horas hasta que se pueda atravesar la carne con un cuchillo fácilmente. Cuando esté listo, lo apartamos y lo dejamos enfriar.

Ahora nos ponemos a preparar la masa de los fideos del ramen. Primero precalentamos el horno a 120 °C y espolvoreamos el bicarbonato de sodio sobre una bandeja de horno y lo horneamos 1 hora para convertirlo en carbonato de sodio y darle propiedades alcalinas. Lo dejamos enfriar y lo disolvemos en agua y sal hasta que se quede un líquido amarillento. En un bol ponemos la harina, hacemos un hueco en el medio y vertemos lentamente el agua mientras removemos con unos palillos o una cuchara. Cuando ya esté más o menos ligada, empezamos a amasarla a mano para que se compacte. Al principio es una masa dura y seca, pero a medida que vamos amasando se irá haciendo más elástica; si no, añade más agua alcalina. Formamos una bola, la cubrimos con papel de plástico y la dejamos que repose 30 minutos para que se desarrolle el gluten. Después estiramos la masa hasta que tenga un grosor de 1 mm, la espolvoreamos con harina y cortamos los fideos del grosor que deseemos. Los cocemos en agua hasta que tengan la textura que queramos, los colamos y los enjuagamos con agua fría.

Entonces cogemos nuestras rodajas de piña y les espolvoreamos azúcar moreno por encima. Las hacemos a la plancha con unas gotas de aceite de sésamo hasta que quede bien caramelizada.

Cuando ya esté listo el caldo lo colamos y le añadimos el bloque de curry, el miso diluido en un poco del caldo y la salsa de soja. Lo cocemos 5 minutos, cortamos el chasu en rodajas finas, las pasamos por la sartén y montamos el ramen.

Ponemos el caldo en un bol con los fideos de ramen, el chasu y la piña, y nos preparamos para degustar nuestro gran trabajo.

NIGIRI DE VIEIRA CURADA CON MANTEQUILLA DE MISO Y SEMILLAS DE SÉSAMO TOSTADAS

DIFICULTAD: ●●●●●

Me acuerdo de la primera vez que llevé a mi madre a un restaurante de sushi. Me decía que no, que a ella esas cosas no le gustaban. Pero también me acuerdo de su cara de asombro y felicidad la primera vez que comió un nigiri. Tuve que insistir muchísimo, pero al final lo conseguí. Las vieiras curadas y el miso son una mezcla de contrastes dulces y salados increíble. Sé que le encantará la textura y lo especial que es cada pieza.

Nigiri de vieira curada con mantequilla de miso y semillas de sésamo tostadas

INGREDIENTES

DE LAS VIEIRAS CURADAS:

- 5 vieiras frescas (grandes y sin coral)
- 2 cucharadas de sal fina
- 1 cucharada de azúcar

DE LA MANTEQUILLA DE MISO:

- 120 g de mantequilla
- 1 cucharadita de miso blanco
- ½ cucharadita de zumo de limón
- 1 pizca de azúcar
- sal al gusto

DEL ARROZ DE SUSHI:

- 100 g de arroz para sushi
- 200 ml de agua
- 4 cucharadas de vinagre de arroz
- 1 cucharada de azúcar
- ½ cucharadita de sal
- 100 g de semillas de sésamo

ELABORACIÓN

Primero mezclamos la sal y el azúcar en un recipiente pequeño, metemos las vieiras y las cubrimos completamente. Las dejamos en la nevera 30 minutos para que se curen. Mientras tanto nos ponemos a preparar el arroz de sushi.

Lavamos el arroz con agua fría varias veces hasta que el agua salga transparente. Lo pasamos a una olla con el agua y dejamos que empiece a cocer. Cuando hierva tapamos y bajamos el fuego. Lo dejamos a fuego medio durante 15 minutos, apagamos el fuego y lo mantenemos tapado 10 minutos más.

En una sartén tostamos unas cuantas semillas de sésamo con cuidado de no quemarlas.

Cocemos el vinagre de arroz con el azúcar y la sal sin llevarlo a ebullición, lo dejamos enfriar a temperatura ambiente y se lo echamos al arroz. Mezclamos el arroz hasta que cada grano quede impregnado. Añadimos las semillas de sésamo y lo mezclamos todo de nuevo.

En un bol batimos la mantequilla pomada, el zumo de limón, el miso, el azúcar y la sal hasta conseguir una mezcla suave y homogénea. La reservamos.

Sacamos las vieiras y las fileteamos por la mitad. Hacemos una bola ovalada compacta de arroz un poco más pequeña que el tamaño de nuestra vieira, colocamos un filete de vieira encima, cubrimos con un poco de mantequilla y lo flambeamos con un soplete (si no tenéis un soplete, podéis poner la vieira 5 segundos en la sartén con la mantequilla para caramelizarla), y ya estaría listo para degustar.

Este es un aperitivo o un entrante perfecto para una comida especial con familia o amigos. Son sabores nuevos que crean recuerdos nuevos con la gente que más queremos.

MI TORTILLA DE PATATA POCO HECHA CON TARTAR DE GAMBA Y ALIOLI DE SU JUGO

DIFICULTAD: ●●●●●

Mi madre ama la tortilla de patata porque le recuerda a la que le hacía su madre de pequeña. Yo también he crecido con este maravilloso plato, así que quería darle mi toque personal y adaptarlo al gusto de mi madre, que adora tanto este plato tradicional como las gambas. La tortilla poco hecha, como nos gusta en casa, se transforma en algo mágico con el tartar. Es un regalo en forma de receta.

Mi tortilla de patata poco hecha con tartar de gamba y alioli de su jugo

INGREDIENTES

DE LA TORTILLA:

- 500 g de patata
- 6 huevos
- sal al gusto
- aceite de arbequina al gusto

DEL TARTAR DE GAMBA:

- 200 g de gambas o gambones
- el zumo y la ralladura de 1 limón
- 2 dientes de ajo
- 3 cucharadas de aceite de oliva
- sal al gusto

DEL ALIOLI DE GAMBA:

- 200 ml de aceite
- cáscaras de gamba
- 1 diente de ajo
- 1 huevo
- sal al gusto

ELABORACIÓN

Pelamos las gambas, las cortamos en trocitos muy pequeños y las reservamos. Entonces salteamos la mitad de las cáscaras y las cabezas en el aceite de oliva. Le echamos un chorrito de zumo de limón y agua, y lo aplastamos todo junto. Cuando veamos que ha reducido todo un poco, lo colamos en un bol. Le echamos entonces el ajo triturado, la ralladura de limón y sal. Incorporamos poco a poco el aceite de oliva en hilo y lo vamos batiendo con unas varillas para que se vaya emulsionando. Cuando tengamos un líquido con cuerpo, se lo echamos por encima a las gambas troceadas. Las removemos para que se queden bien impregnadas y lo dejamos tapado en la nevera reposando mientras hacemos nuestra tortilla.

Pelamos las patatas y las cortamos en láminas finas o en trocitos medianos, dependiendo de cómo nos guste. Entonces las freímos en aceite de arbequina a 140 °C hasta que se queden blanditas.

Mientras tanto ponemos a freír las cáscaras de gamba que sobran en aceite y las machacamos hasta conseguir que el aceite cambie su color a uno anaranjado. Lo colamos todo y lo apartamos para que el aceite se enfríe.

En un bol echamos 4 huevos y 2 yemas, lo batimos y añadimos sal y la patata caliente. Esto lo batimos bien con un tenedor para que todo se integre perfectamente y se emulsione con el aceite residual de las patatas. Lo dejamos reposando 20 minutos a temperatura ambiente, moviéndolo de vez en cuando, y nuestra tortilla ya está cocinada.

Ahora vamos a pasar la mezcla a una sartén a fuego medio-alto con un poquito de aceite para cuajar la parte exterior. Vamos a dejar la mezcla 20 segundos por un lado, le damos la vuelta con un plato grande engrasado y la dejamos otros 20 segundos por el otro lado, intentando en todo momento que el huevo no se dore.

En un vaso de batidora echamos un huevo, un diente de ajo, sal y el aceite en el que hemos frito las cáscaras, y montamos con una batidora de mano nuestro alioli.

La pasamos a un plato, cortamos una porción y ponemos una quenelle de tartar encima y alioli al gusto.

LEMON PIE DE LIMA Y JENGIBRE CON UNA FINA CAPA DE PISTACHO Y MERENGUE SUIZO DE ALBAHACA

DIFICULTAD: ●●●●●

Sé que cerrará los ojos en el primer bocado. A mi madre nunca le ha gustado el dulce y solo recientemente ha aprendido a disfrutarlo. He querido crear esta receta para ella porque, aunque es dulce, se mantiene como un postre fresco y equilibrado. La combinación de cítricos, hierbas y frutos secos es mi manera de decirle que pienso en ella hasta en el último detalle.

Lemon pie de lima y jengibre con una fina capa de pistacho y merengue suizo de albahaca

INGREDIENTES

DE LA MASA QUEBRADA:

- 200 g de harina
- 100 g de mantequilla fría cortada en cubos
- 120 g de azúcar glas
- 1 huevo
- sal al gusto

DE LA CREMA DE PISTACHO:

- 200 g de pistachos pelados
- 100 g de chocolate blanco
- sal al gusto

DEL RELLENO DE LIMA Y JENGIBRE:

- 4 yemas de huevo
- 350 ml de leche entera
- 60 g de maicena
- 160 g de azúcar
- la ralladura de 2 limas
- 120 ml de zumo de lima fresco
- 1 cucharada de jengibre fresco rallado
- 80 g de mantequilla sin sal a temperatura ambiente

DEL MERENGUE SUIZO DE ALBAHACA:

- 3 claras de huevo
- 145 g de azúcar
- 10 hojas de albahaca fresca

ELABORACIÓN

Primero mezclamos en un bol la harina, el azúcar glas y la sal. Añadimos la mantequilla fría en cubitos y amasamos con las manos integrando la mantequilla con la harina hasta conseguir una textura arenosa.

Añadimos el huevo y lo integramos bien hasta que se forme una masa, pero sin amasar en exceso para no endurecerla. La envolvemos en papel film y la refrigeramos durante 30 minutos.

Extendemos entonces la base sobre papel de horno y la pasamos a un molde grande desmontable de tartaleta metálico. Pinchamos el fondo con un tenedor y lo cubrimos con papel de horno y un peso como garbanzos u otra legumbre. Lo horneamos a 180 °C durante 15 minutos, retiramos los garbanzos y horneamos 5 minutos más.

Mientras tanto mezclamos en un cazo las yemas, el azúcar, la ralladura, el zumo de lima, el jengibre, la leche, la maicena y una pizca de sal. Removemos constantemente durante 10 minutos hasta que espese y retiramos del fuego. Añadimos la mantequilla en taquitos y lo removemos todo hasta que se quede una mezcla cremosa.

Trituramos todos los pistachos durante 10 minutos hasta que empiecen a soltar sus aceites naturales. Le añadimos el chocolate blanco fundido y la sal, y lo mezclamos hasta que obtengamos una consistencia espesa pero fluida. Extendemos una capita de crema de pistacho sobre la base de nuestra tartaleta. Añadimos la crema de limón por encima hasta cubrirlo todo y lo llevamos a la nevera al menos durante 2 horas.

Entretanto mezclamos las claras, el azúcar y la albahaca en un bol al baño maría hasta que todo el azúcar se disuelva. Lo dejamos reposar unos 5 minutos, apartamos las hojas de albahaca y batimos las claras con el azúcar hasta formar picos firmes y brillantes.

Sacamos la tartaleta de la nevera y decoramos con el merengue con una manga pastelera con el diseño que prefiramos. Lo doramos con un soplete para que quede más bonito (opcional) y coronamos con el pistacho triturado por encima.

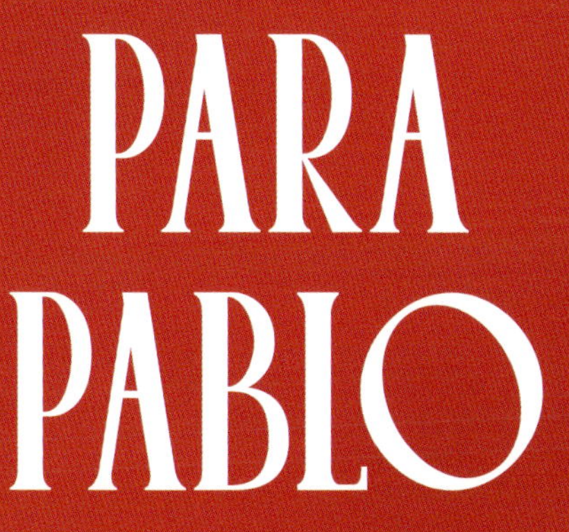

PARA PABLO

Pablo es mi persona. Mi amor, mi casa, mi lugar seguro. Cocinar para él es probablemente lo que más feliz me hace en el mundo. Porque sé que lo disfruta de verdad, que cierra los ojos con cada bocado, que valora cada detalle. Es un agradecimiento diario, una forma de decirle sin palabras lo muchísimo que le quiero. En cada una de estas recetas hay una parte de mí que quiere hacerle sonreír. Esta sección está llena de sabores que sé que le hacen feliz, creados solo para él.

RAGÚ DE PATO A LA NARANJA

DIFICULTAD: ●●●●●

Este fue uno de los primeros platos que le hice a Pablo y, como es un amante de los sabores intensos, no ha podido dejar de pensar en él. El pato, cocinado lentamente, se deshace en la boca, mientras que el toque de naranja le da un equilibrio entre lo dulce y lo salado que sé que le encanta. Cocinar esto para él es mi manera de demostrarle lo mucho que le quiero.

Ragú de pato a la naranja

INGREDIENTES

- 1 pato troceado (magret y muslitos)
- 20 g de apio
- 1 puerro
- 1 cebolla
- 2 zanahorias
- 1 cabeza de ajos
- 1 chorrito de tomate triturado
- 2 hojas de laurel
- el zumo de 2 naranjas
- 100 ml de vino tinto
- 100 ml de coñac o brandi
- caldo de pollo
- sal y pimienta al gusto

ELABORACIÓN

Primero cogemos el magret, le hacemos unas incisiones en forma de rejilla en la parte de la piel y lo salpimentamos junto a los muslitos. En una olla grande colocamos en frío el magret con la piel para abajo. Encendemos el fuego a potencia media para que la grasita de la piel se derrita poco a poco y no se queme.

Cuando veamos que ya ha soltado casi toda su grasa, le damos la vuelta para marcarlo y lo retiramos. Entonces marcamos también los muslitos y los retiramos.

En la grasa del pato sofreímos y pochamos todas las verduras hasta que se queden bien blanditas. Después le echamos un chorrito de tomate triturado y un poco de sal. Lo mezclamos todo bien durante 1 minuto y metemos de nuevo el pato.

Añadimos las hojas de laurel, el zumo de naranja, el vino, el coñac y el caldo hasta que cubra al pato.

Lo ponemos a fuego alto hasta que hierva. Entonces lo tapamos, lo bajamos a fuego medio y lo dejamos cociendo durante dos horas y media.

Cuando lo destapemos probablemente haya soltado muchísima grasa, así que lo desgrasamos quitando el exceso con una cuchara y con papel absorbente de cocina.

Sacamos el pato, esperamos a que se enfríe un poco y lo desmenuzamos descartando los trozos de grasa. Después lo apartamos mientras nos encargamos de la salsa.

Podemos elaborarla de dos formas:

- La rápida: trituramos la salsa con todas las verduritas, añadimos el pato, corregimos de sal, y listo.
- La lenta: colamos las verduras y calentamos el caldo a fuego alto sin parar de moverlo hasta que reduzca y coja cuerpo y consistencia. Le echamos el pato desmenuzado y lo corregimos de sal si fuera necesario, ya que, al reducir el caldo, todo su sabor se concentra.

¡Y listo! Ya podemos servirlo con pasta, en una lasaña o de mi forma preferida: con un bocadillo de brioche.

LASAÑA DE RABO DE TORO CON BECHAMEL DE CARDAMOMO Y CHAMPIÑONES

DIFICULTAD: ●●●●●

Este plato lo hago solo una vez al año para que siga siendo un momento especial siempre que lo comemos. Suele ser en Nochebuena o Navidad y es como un regalo cada vez que podemos disfrutarla. Carne melosa, una bechamel mágica y el umami de las setas, todo en un bocado reconfortante que sé que le encanta.

Lasaña de rabo de toro con bechamel de cardamomo y champiñones

INGREDIENTES

DEL RABO DE TORO:

- 20 ml de aceite de oliva
- 1 rabo de toro
- 20 g de apio
- 1 puerro
- 1 cebolla
- 2 zanahorias
- 1 pimiento verde
- 1 pimiento rojo
- 1 cabeza de ajos
- 1 chorrito de tomate triturado
- vino tinto
- coñac o brandi
- sal y pimienta al gusto

DE LA PASTA:

- 100 g de harina
- 1 huevo

DE LA BECHAMEL:

- 700 ml de leche entera
- 5 granos de cardamomo
- 100 g de harina
- 100 ml de mantequilla o aceite de oliva
- 100 g de champiñones
- ½ cebolla
- 3 dientes de ajo

ELABORACIÓN

Primero salpimentamos el rabo de toro y lo marcamos por todos sus lados en una olla con aceite de oliva. Lo apartamos y sobre el aceite echamos toda la verdura troceada y la pochamos hasta que se quede bien blandita. Le echamos un chorrito de tomate triturado y un poco de sal. Lo mezclamos todo bien durante 1 minuto y metemos de nuevo el rabo. Lo cubrimos con dos partes de vino y una de brandi, y lo ponemos a fuego alto. Lo hervimos 2 minutos, lo tapamos, lo bajamos a fuego medio y lo dejamos cociendo 2-3 horas, hasta que se quede tan blandito que se deshaga.

Mientras tanto, ponemos a calentar la leche con el cardamomo para que infusione. Cuando empiece a ebullir, apagamos el fuego y esperamos a que se enfríe.

Entonces elaboramos la pasta. Hacemos un volcán de harina y echamos el huevo en el centro. Lo integramos todo y lo amasamos 15 minutos hasta lograr una masa homogénea (si es necesario le añadimos unas gotitas de agua). La tapamos con papel de plástico y la dejamos reposar 30 minutos. Luego la estiramos con un rodillo o con la máquina de pasta en láminas muy finas.

Troceamos los champiñones finito y en una sartén con aceite salteamos la cebolla y el ajo picados, añadimos el champiñón, lo salamos y lo dejamos pochar un rato largo hasta que se quede como una pasta marrón.

Calentamos en una sartén la mantequilla, el aceite y echamos la harina, moviéndolo sin parar para que no se formen grumitos. Echamos la leche de cardamomo ya fría y la vamos integrando poco a poco para que se forme nuestra bechamel. Cuando la tengamos lista, le echamos los champiñones y los integramos bien con una batidora de mano. Esto también nos ayudará si nos ha quedado algún grumo en nuestra bechamel.

Sacamos el rabo de toro, esperamos a que se enfríe un poco y lo desmenuzamos descartando los trozos de grasa y las ternillas. Después lo apartamos mientras nos encargamos de la salsa. Tenemos dos opciones de prepararla:

- La rápida: trituramos todas las verduritas, añadimos el rabo de toro, corregimos de sal, y listo.
- La lenta: colamos las verduras y calentamos el caldo a fuego alto sin parar de moverlo hasta que reduzca y coja cuerpo y consistencia. Le echamos el rabo de toro desmenuzado y lo corregimos de sal si fuera necesario, ya que, al reducir el caldo, todo su sabor se concentra.

Cocemos la pasta en agua con sal. Luego en una fuente montamos la lasaña en capas. Cuando terminemos la última capa de bechamel, lo cubrimos con una capa de parmesano. Precalentamos el horno a 200 °C y metemos nuestra lasaña al horno a la misma temperatura en modo grill hasta que se quede bien doradita, ¡y listo!

EL MEJOR POLLO FRITO COREANO DEL MUNDO

DIFICULTAD: ●●●●●

Crujiente, jugoso y lleno de sabor: este pollo es el equilibrio perfecto entre lo especiado y lo dulce, justo como nos gusta. Sé que Pablo disfruta de la comida asiática y de todo lo que tenga una textura adictiva, y este plato es imposible de dejar de comer. Además, es ideal para compartir, y no hay nada que me haga más feliz que comer a su lado.

INGREDIENTES

DEL POLLO FRITO:

- 500 g de contramuslos de pollo deshuesados
- 40 g de maicena
- 150 ml de leche
- ajo en polvo al gusto
- sal al gusto
- pimienta al gusto
- pimentón dulce al gusto
- 200 g de almidón de patata o maicena
- aceite para freír
- 100 g de harina

DE LA SALSA GOCHUJANG:

- 1 cucharada de gochujang
- 2 cucharadas de salsa de soja
- 1 cucharada de miel
- 1 cucharada de vinagre de arroz
- 1 diente de ajo

DE LA SALSA DE MOSTAZA:

- 1 cucharada de mostaza
- 1 cucharada de miel
- ½ cucharada de vinagre de arroz
- 1 chorrito de salsa de soja

DE LA SALSA DE SOJA:

- 3 cucharadas de salsa de soja
- 1 cucharada de miel
- 1 cucharada de vinagre de arroz
- 1 cucharadita de semillas de sésamo

ELABORACIÓN

Primero vamos a hacer un marinado para el pollo con maicena, leche, ajo, pimienta, sal y pimentón dulce. Lo mezclamos todo y añadimos los contramuslos troceados. Los cubrimos bien con la mezcla y los dejamos marinar preferiblemente 12 horas en la nevera (mínimo 4 horas).

Una vez que se hayan marinado, mezclamos en un bol harina con almidón de patata (si no tenemos, podemos usar maicena) y las especias de antes. Lo mezclamos todo bien y hundimos los trozos de pollo uno a uno para rebozarlos enteros.

Freímos el pollo en aceite caliente hasta que esté bien doradito y lo apartamos mientras hacemos las salsas.

Hay varias opciones de salsas:

- La clásica de gochujang (mi favorita): mezclamos gochujang con miel, salsa de soja, vinagre de arroz y ajo en una sartén a fuego medio hasta que empiece a burbujear. Echamos el pollo y lo movemos todo para glasearlo con la salsa.
- Mostaza y miel: mezclamos mostaza, miel, salsa de soja y vinagre de arroz en un bol. Metemos el pollo dentro y lo movemos hasta que se impregne entero.
- Salsa de soja: mezclamos salsa de soja, miel, vinagre de arroz y semillas de sésamo en una sartén a fuego medio hasta que empiece a burbujear. Echamos el pollo y lo movemos todo para glasearlo con la salsa.

DÓNUT RELLENO DE CARRILLERA CON GLASEADO DE PARMESANO

DIFICULTAD: ●●●●●

Este es un plato atrevido, diferente. Es la combinación de lo mejor de dos mundos: la esponjosidad de un dónut con el sabor profundo de la carrillera y el umami del parmesano. Cuando le conté a Pablo esta idea de receta se le iluminaron los ojos, y solo por eso ya sé que cuando se lo haga, se convertirá en uno de sus platos favoritos.

Dónut relleno de carrillera con glaseado de parmesano

INGREDIENTES

DE LA CARRILLERA:

- 20 ml de aceite de oliva
- 300 g de carrillera
- 20 g de apio
- 1 puerro
- 1 cebolla
- 2 zanahorias
- 1 pimiento verde
- 1 pimiento rojo
- 1 cabeza de ajos
- 1 chorrito de tomate triturado
- vino tinto
- sal y pimienta al gusto

DEL DÓNUT:

- 500 g de harina
- 650 ml de agua tibia
- 9 g de levadura de panadero
- 160 g de azúcar
- sal al gusto
- el zumo de ½ limón

DEL GLASEADO DE PARMESANO:

- 700 ml de leche entera
- 100 g de harina
- 100 ml de mantequilla o aceite de oliva
- 50 g de parmesano rallado

ELABORACIÓN

Primero salpimentamos las carrilleras y las marcamos por todos sus lados en una olla con aceite de oliva. Las apartamos y en ese mismo aceite incorporamos toda la verdura troceada y la pochamos hasta que se quede bien blandita. Entonces le echamos un chorrito de tomate triturado y un poco de sal. Lo mezclamos todo bien durante 1 minuto y metemos de nuevo las carrilleras. Las cubrimos con vino tinto y lo ponemos a fuego alto para que ebulla. Lo dejamos ebullir 2 minutos, lo tapamos, bajamos a fuego medio y lo dejamos cociendo 2-3 horas, hasta que se quede tan blandito que se deshaga.

Sacamos las carrilleras, esperamos a que se enfríen un poco y las desmenuzamos descartando los trozos de grasa. Las reservamos mientras nos encargamos de la salsa. Tenemos dos opciones de prepararla:

- La rápida: trituramos la salsa con todas las verduritas, añadimos la carrillera desmenuzada, corregimos de sal, y listo.
- La lenta: colamos las verduras y calentamos el caldo a fuego alto sin parar de moverlo hasta que reduzca y coja cuerpo y consistencia. Le echamos la carrillera desmenuzada y lo corregimos de sal si fuera necesario, ya que, al reducir el caldo, todo su sabor se concentra.

Reservamos un poco del caldo sin carne para la decoración.

Ponemos la carrillera con el caldo en un molde de dónut de silicona y lo metemos al menos 5 horas en el congelador.

Entretanto hacemos nuestro glaseado: una bechamel muy fina de parmesano. En una sartén calentamos la mantequilla o el aceite y añadimos la harina para tostarla. La vamos moviendo sin parar hasta que la harina ya no esté cruda. Luego incorporamos la leche y removemos sin parar para que no se formen grumos. Por último, agregamos el parmesano rallado. La cocinamos un poco más, la salamos, la cubrimos con papel film y la apartamos.

Finalmente, elaboramos la masa de nuestros dónuts. Primero mezclamos en un vaso la levadura de panadero con agua tibia y una cucharadita de azúcar, y lo dejamos reposar 10 minutos. Mezclamos en un bol la harina, el resto del azúcar y la sal, le añadimos la mezcla de la levadura y el zumo de limón y el agua. Lo batimos todo hasta que consigamos una consistencia de puré espeso.

Sacamos las carrilleras del congelador, las hundimos en la masa de dónut y rápidamente metemos el dónut en aceite muy caliente para freírlo. Una vez doradito, lo sacamos, lo secamos con papel absorbente y hundimos una cara en el glaseado de parmesano (si el glaseado nos ha quedado demasiado espeso, añadimos un poco más de leche). Por último, le echamos el caldo en hilos muy finitos por encima en forma de espiral.

EL SÁNDWICH DE QUESO DE TUS SUEÑOS CON MANTEQUILLA DE CHORIZO Y MIEL

DIFICULTAD: ●●●●●

Este sándwich es suyo, porque no hay nada que le haga más feliz que el queso y sobre todo si se contrasta con otros sabores como el del salado del chorizo y el dulce de la miel, que hacen que este sándwich llegue a otro nivel. Es un plato sencillo, pero con una combinación de sabores que lo hace extraordinario, justo como Pablo.

El sándwich de queso de tus sueños con mantequilla de chorizo y miel

INGREDIENTES

DEL BRIOCHE:

- 380 g de harina de fuerza
- 6 g de levadura seca de panadero
- 70 g de azúcar
- 10 g de sal
- 130 ml de leche templada
- 1 huevo
- 60 g de mantequilla

DEL TANG ZHONG:

- 20 g de harina
- 100 ml de leche

DE LA MANTEQUILLA DE CHORIZO Y MIEL:

- 100 g de mantequilla
- 30 g de chorizo
- 30 g de miel

DEL RELLENO:

- lonchas de queso havarti y manchego al gusto

ELABORACIÓN

Primero vamos a preparar la masa de nuestro brioche. En una sartén mezclamos la leche y la harina para hacer nuestro tang zhong (nos tiene que quedar una consistencia espesa) y lo apartamos mientras preparamos el resto de la masa. En un bol ponemos la harina, la levadura seca, el azúcar, la sal, el huevo, la leche templada y el tang zhong. Lo amasamos (preferiblemente con una amasadora) hasta que se forme una masa. Vamos incorporando la mantequilla lentamente mientras seguimos amasando. Cuando todo haya quedado bien integrado y la masa esté suave y elástica, formamos una bola, la ponemos en el bol, lo tapamos y dejamos reposar 1 hora para que doble su tamaño.

Cuando ya haya crecido nuestra masa, la dividimos en 4 partes. Cogemos una de las partes, la estiramos, doblamos los laterales como si fueran dos solapas, y lo enrollamos como si se tratara de un rollito de canela. Hacemos lo mismo con las demás partes. Luego las colocamos en un molde rectangular engrasado con mantequilla o aceite. Lo tapamos de nuevo y lo dejamos reposar una hora y media para que la masa vuelva a crecer.

Mientras tanto precalentamos el horno a 180 °C. Cuando nuestra masa esté lista, la horneamos 35 minutos hasta que se quede doradita (depende mucho del horno, así que, si vemos que se está dorando demasiado, lo sacamos un poco antes). Desmoldamos y dejamos enfriar nuestro brioche a temperatura ambiente (preferiblemente sobre una rejilla).

Entretanto cortamos el chorizo en trocitos muy pequeños y lo salteamos en una sartén hasta que suelte un poquito de su aceite. Se lo añadimos a la mantequilla pomada junto con una cucharada de miel y lo mezclamos e integramos bien.

Cortamos dos rebanadas gordas del brioche, las untamos con la mantequilla de chorizo, las rellenamos con lonchas de queso havarti y manchego, y tostamos el sándwich en la sartén con un poco de mantequilla. ¡Y listo!

NOODLES MARINADOS EN SOJA CON KIMCHI MAYO Y TARTAR DE ATÚN

DIFICULTAD: ●●●●●

Si hay algo que nos encanta es un buen plato de noodles lleno de sabor. Quise crear esta receta pensando en él, en ese equilibrio entre lo dulce, lo picante y lo cremoso que sé que le vuelve loco. Cada bocado es suave y delicado, y creo que es perfecto para una noche de cita o simplemente para un día en el que nos queramos dar un capricho.

Noodles marinados en soja con kimchi mayo y tartar de atún

INGREDIENTES

DE LOS NOODLES:

- 100 g de harina
- 1 huevo

DEL TARTAR DE ATÚN:

- 100 g de atún fresco
- 1 cucharada de salsa de soja
- 1 cucharada de vinagre de arroz

DE LA KIMCHI MAYO:

- 1 chorrito de salsa kimchi
- 1 huevo
- 200 ml de aceite de girasol
- sal al gusto
- 5 g de jengibre en trozos

ELABORACIÓN

Primero vamos a elaborar nuestros noodles haciendo un volcán de harina y poniendo el huevo en el centro. Lo mezclamos todo hasta que se forme una masa y la amasamos unos 15 minutos hasta que se quede suave y homogénea (si es necesario podemos añadir unas gotitas de agua). La dejamos reposar a temperatura ambiente durante 30 minutos. Luego la dividimos en 2 partes y ya podemos estirarla con un rodillo o con una máquina de pasta. Una vez estiradas, enrollamos cada parte por separado y vamos cortando rodajas finas para darles forma a nuestros noodles.

Cortamos el atún en taquitos y lo dejamos marinar en un bol con un chorrito de vinagre de arroz y salsa de soja mientras continuamos con la receta.

Nos ponemos a hacer nuestra kimchi mayo. En un vaso de batidora mezclamos un huevo, sal y aceite de girasol, y montamos nuestra mayonesa. Le añadimos la salsa kimchi y lo mezclamos bien. Cocemos los noodles en agua con salsa de soja y trozos de jengibre.

Para emplatar, colocamos en un plato un nido de noodles, una cucharada de mayonesa y coronamos con el tartar de atún. Para comérnoslo lo mezclamos todo y a disfrutar.

ROLLITOS VIETNAMITAS RELLENOS DE PRINGÁ CON ALIOLI DE MORCILLA

DIFICULTAD: ●●●●●

La fusión entre lo tradicional y lo exótico es algo que me encanta explorar, y sabía que Pablo iba a disfrutar este experimento. La pringá, con su sabor profundo y reconfortante, envuelta en un rollito crujiente y combinada con un alioli intenso de morcilla, es un bocado explosivo, justo como nos gusta.

Rollitos vietnamitas rellenos de pringá con alioli de morcilla

INGREDIENTES

DE LA PRINGÁ:

- 200 g de morcillo
- 200 g de pollo
- 1 chorizo y 1 morcilla
- 1 punta de jamón
- 3 huesos de jamón
- 1 puerro
- 2 zanahorias
- 5 dientes de ajo

DEL ALIOLI DE MORCILLA:

- 1 huevo
- 200 ml de aceite de girasol
- 1 diente de ajo
- la morcilla del cocido
- sal al gusto

DE LOS ROLLITOS:

- 20 obleas de papel de arroz

ELABORACIÓN

Este plato se suele preparar al día siguiente de hacer un gran cocido, pero también podemos cocinarlo desde cero para esta receta. En una olla exprés echamos el morcillo, el pollo, el chorizo, la morcilla, la punta de jamón, los huesos de jamón y las verduras. Lo dejamos ebullir un rato y quitamos la espumilla que se forma en la superficie. Entonces cerramos la olla y lo dejamos cocer 1 hora.

Después sacamos la carne, reservamos un trozo de morcilla y desmenuzamos el resto, lo mezclamos todo y lo juntamos con un poquito del caldo de la cocción. Cogemos papel de arroz y lo sumergimos 2 segundos en agua. Lo ponemos sobre una superficie plana, esperamos unos 10 segundos hasta que se suavice y colocamos en el centro unas cucharadas de la pringá. Cerramos los rollitos y los doramos en la sartén con un poquito de aceite.

En un vaso de batidora echamos un huevo, el ajo y el aceite, y montamos el alioli. Añadimos la morcilla que hemos reservado y la sal, y lo trituramos todo.

Emplatamos los rollitos en un plato con el alioli de morcilla, ¡y listo!

ARAYES LIBANESES CON SALSA DE YOGUR Y TAHINI

DIFICULTAD: ●●●○○

A Pablo le apasiona probar nuevos sabores, y esta receta es un viaje en sí misma. Quise combinar influencias de Oriente Medio con un toque personal, sabiendo que cada ingrediente le haría cerrar los ojos de placer. Esto es para disfrutarlo sin prisa, y para comerlo con las manos, como una comida de confort.

Arayes libaneses con salsa de yogur y tahini

INGREDIENTES

DE LOS NOODLES:

- 320 ml de agua templada
- 7 g de levadura de panadero
- 15 g de azúcar
- 500 g de harina de fuerza
- sal al gusto
- aceite de oliva para freír

DEL RELLENO DE LOS ARAYES:

- 500 g de carne picada (de ternera o cordero)
- 1 cebolla
- 5 dientes de ajo
- cayena en polvo al gusto
- cilantro fresco al gusto
- sal al gusto
- pimienta al gusto
- pimentón dulce al gusto
- comino al gusto

DE LA SALSA DE YOGUR Y TAHINI:

- 1 yogur natural
- 2 cucharadas de tahini
- 1 diente de ajo picado
- el zumo de ½ limón
- 1 cucharada de miel
- sal al gusto

ELABORACIÓN

Empezamos mezclando en un bol el agua templada con la levadura y el azúcar, lo dejamos reposar 10 minutos y añadimos la harina y la sal. Lo mezclamos todo para que se forme nuestra masa y la amasamos bien durante 10 minutos. Metemos la masa de nuevo en el bol, lo tapamos y la dejamos reposar 1 hora para que doble su tamaño.

Cuando ya esté lista, la dividimos en 8 partes. Hacemos una bola con cada parte y cogemos la masa con las dos manos y giramos las muñecas para que los lados que tenemos en los dedos se metan hacia dentro y los aplastamos con los dedos para formar discos del tamaño de un pan de pita (si vemos que se pegan, espolvoreamos un poquito de harina). Una vez estirados, tapamos nuestros discos y los dejamos reposar 20 minutos.

Entonces calentamos la sartén con un poco de aceite de oliva y metemos el primer pan. Vamos a seguir la regla de los 15 segundos: contamos 15 segundos y le damos la vuelta. Al principio y en la primera vuelta lo aplastamos con la espátula, y luego dejamos que se vaya hinchando solo dándole la vuelta cada 15 segundos. Una vez que los tenemos hechos los dejamos enfriar y nos ponemos con nuestro relleno.

Cogemos nuestra carne picada y la mezclamos en un bol con la cebolla, el ajo picado y las especias. Cortamos nuestros panes pita por la mitad y los rellenamos con la carne. Calentamos una sartén con un poquito de aceite de oliva, ponemos nuestros arayes con la carne hacia abajo para marcarla, y cuando ya esté hecha por ese lado, le damos la vuelta para que se vaya haciendo por dentro del pan pita.

Mezclamos en un bol yogur, tahini, limón, ajo picado, miel y sal, y nos ponemos a emplatar. Servimos nuestros arayes junto con nuestra salsa de yogur y tahini, ¡y a disfrutar!

DIAL
999
FIRE
POLICE
AMBULANC

CANELONES DE SOJA RELLENOS DE POLLO Y GAMBA CON SALSA YAKINIKU

DIFICULTAD: ●●●●●

Canelones con un twist *asiático, llenos de contrastes y texturas. Es un plato que representa lo que me gusta cocinar para él: algo familiar pero inesperado, pensado para sorprenderle siempre. Cuando lo probéis, veréis a lo que me estoy refiriendo.*

Canelones de soja rellenos de pollo y gamba con salsa yakiniku

INGREDIENTES

DE LOS CANELONES DE SOJA:

- 100 g de harina
- 1 huevo
- 1 cucharada de salsa de soja

DEL RELLENO DE LOS CANELONES:

- 200 g de carne picada de pollo
- 200 g de gambas picadas
- 1 chorrito de salsa de soja
- 1 cucharada de aceite de sésamo
- 2 dientes de ajo
- 10 g de jengibre fresco
- 20 g de ajetes chinos

DE LA BECHAMEL:

- 100 g de mantequilla
- 100 g de harina
- 900 ml de leche
- sal al gusto
- parmesano rallado al gusto

DE LA SALSA YAKINIKU:

- 50 ml de salsa de soja
- 20 ml de mirin
- 1 cucharada de aceite de sésamo
- 2 dientes de ajo
- 10 g de jengibre fresco
- 2 cucharadas de miel
- 10 ml de vinagre blanco

ELABORACIÓN

Empezamos con la pasta. Hacemos un volcán de harina y echamos el huevo y la salsa de soja en el centro. Lo integramos todo y lo amasamos 15 minutos hasta que se quede una masa homogénea (si es necesario le añadimos unas gotitas de agua). La tapamos con papel de plástico, la dejamos reposar 30 minutos y ya podemos estirarla con un rodillo o con la máquina de pasta en láminas muy finas. Dividimos las láminas en cuadrados y las cocemos 3 minutos en agua hirviendo.

En un bol mezclamos el pollo picado con las gambas picadas, la salsa de soja, el aceite de sésamo, el ajo, el jengibre picado y los ajetes chinos. Colocamos el relleno en el centro de las láminas y las enrollamos con forma de canelones. Los cocinamos en una vaporera unos 5 minutos.

Mientras tanto hacemos la bechamel. Mezclamos la harina y la mantequilla en una sartén hasta que la harina esté bien cocinada. Vertemos la leche y removemos hasta que coja la consistencia que deseemos. Le echamos sal y parmesano rallado al gusto y lo reservamos tapándolo con papel film.

En otra sartén mezclamos salsa de soja, aceite de sésamo, mirin, ajo, jengibre triturado, miel y vinagre blanco. Lo dejamos cocinar un rato y ya tenemos nuestra salsa yakiniku.

Para emplatar colocamos nuestros canelones en un plato, echamos la bechamel por encima y luego la salsa yakiniku. ¡Y ya está listo para comer!

CHOCOFLAKES CASEROS

DIFICULTAD: ●●●●●

A Pablo le encanta el chocolate, y esto es puro placer crujiente en cada cucharada. Es el desayuno de su infancia y un recordatorio de que la comida también puede ser pura diversión, sin complicaciones. Verle disfrutar de algo tan simple como unos cereales caseros de chocolate me llena el corazón.

Chocoflakes caseros

INGREDIENTES

DE LA GALLETA:

- 230 g de harina
- 90 g de azúcar
- 1 cucharadita de cacao
- 1 huevo
- 65 g de mantequilla pomada
- 8 g de levadura química
- sal al gusto

DEL RELLENO:

- 50 g de arroz inflado de chocolate
- 50 g de chips de chocolate

ELABORACIÓN

Empezamos con la galleta, para lo que mezclamos en un bol la mantequilla pomada con el huevo y el cacao. Añadimos la harina, la levadura, el azúcar y la sal, y lo mezclamos todo hasta que se forme nuestra masa. La amasamos bien y la envolvemos en papel film para dejarla reposar 30 minutos.

Mientras tanto mezclamos en un bol el arroz inflado y las chips de chocolate.

Luego estiramos la masa, ponemos una línea de relleno y lo cubrimos con otra lámina de masa. Cortamos los lados con un cortador ondulado y entre medias con uno recto para hacer los chocoflakes individuales.

Los ponemos en una bandeja con papel de horno y los metemos en el horno calentado previamente a 180 °C durante 10 minutos.

PARA MI ABUELA

Mi abuela es tradición, raíces y seguridad. Con ella aprendí que hay platos que se hacen con tiempo y otros que se hacen con el alma. Aunque siempre ha sido fiel a sus recetas, quise dedicarle estos platos como una forma de abrir nuevas puertas desde lo conocido. Son guiños a su cocina, con mis manos y mi imaginación. Cocinarle es demostrarle todo lo que me ha enseñado, pero desde otra mirada.

ALBÓNDIGAS DE POLLO EN PEPITORIA CON TERIYAKI DE MAÍZ Y KIKOS FRITOS

DIFICULTAD: ●●●●●

Mi abuela ama la cocina tradicional, y la pepitoria es un clásico que siempre ha estado presente en nuestra mesa. Quise darle un pequeño giro con el toque dulce del maíz y la textura crujiente de los kikos, esperando que le intrigue lo suficiente como para probarlo y descubrir que la tradición también puede evolucionar.

Albóndigas de pollo en pepitoria con teriyaki de maíz y kikos fritos

INGREDIENTES

DEL MAJADO:

- 200 g de pan
- 4 dientes de ajo
- 100 g de almendras
- 4 yemas cocidas
- caldo de pollo al gusto
- un paquetito de azafrán

DEL CALDO:

- 1 cebolla
- 3 dientes de ajo
- 1 cucharadita de comino
- 1 cucharadita de canela
- 1 chorrito de limón
- 300 ml de caldo de pollo

DE LAS ALBÓNDIGAS:

- 500 g de carne de pollo picada
- 70 g de pan
- leche
- 1 huevo
- harina
- sal al gusto
- pimienta al gusto
- 3 dientes de ajo picado

DEL TERIYAKI DE MAÍZ:

- 50 g de maíz cocido
- 70 ml de salsa de soja
- 30 ml de vinagre de arroz
- 30 ml de mirin
- 60 g de miel
- 20 g de maicena
- kikos (para servir)

ELABORACIÓN

Primero vamos a hacer el majado para la pepitoria. Empezamos friendo el pan, el ajo picado y las almendras, y luego lo trituramos todo en un mortero con el azafrán y la yema de los huevos cocidos. Le echamos un poco de caldo de pollo para que se forme una pasta y lo apartamos.

Entonces nos ponemos a elaborar las albóndigas mezclando en un bol la carne de pollo picada, el pan mojado en leche, el huevo, la sal, la pimienta y el ajo picado. Hacemos las bolas, las pasamos por harina y las marcamos en una olla o sartén grande para que se doren (solo las doramos un poquito, pero no las hacemos del todo) y las reservamos.

En la misma olla echamos la cebolla y el ajo, y lo sofreímos hasta que esté translúcido. Le echamos el comino, la canela y el chorrito de limón. Lo sofreímos un rato más y luego incorporamos el majado y las albóndigas. Lo cubrimos con el caldo de pollo, movemos la olla para que todo se mezcle bien y lo dejamos cocer unos 15 minutos a temperatura media-baja.

Mientras tanto, preparamos el teriyaki de maíz triturando primero el maíz cocido con su agua para formar una textura de puré de maíz. En una sartén mezclamos entonces la salsa de soja, el vinagre de arroz, el mirin, la miel, el maíz y la maicena diluida en agua hasta que se espese.

Cuando ya lo tengamos todo, nos ponemos a emplatar. En un plato colocamos un par de albóndigas con su salsa, añadimos un poquito de teriyaki de maíz por encima y lo decoramos con kikos.

DAAL DE CEBOLLA CARAMELIZADA

DIFICULTAD: ●●●○○

Las legumbres han sido siempre parte fundamental de su cocina, pero nunca se ha aventurado en sabores lejanos. Este daal es mi forma de decirle que, aunque el mundo es enorme, la cocina de casa puede encontrar puntos de unión con otras culturas. Sé que le sorprenderá la profundidad de sabor de la cebolla caramelizada en un plato tan humilde.

Daal de cebolla caramelizada

INGREDIENTES

DE LA CEBOLLA CARAMELIZADA:

- 3 cebollas blancas
- 50 ml de aceite de oliva
- 1 cucharadita de comino
- sal al gusto
- 1 cucharadita de pimentón dulce
- 1 cucharadita de cúrcuma
- 3 dientes de ajo
- 5 g de jengibre triturado
- 30 g de tomate concentrado o triturado

DE LAS LENTEJAS:

- 100 g de lentejas deshidratadas o 400 g de lentejas precocidas
- caldo de pollo
- 100 ml de leche de coco o 100 g de yogur natural

ELABORACIÓN

Si usamos lentejas deshidratadas las dejamos en remojo la noche antes y luego las ponemos a cocer en agua hasta que estén casi hechas.

Mientras se cocinan las lentejas vamos a caramelizar las cebollas blancas cortadas en juliana con aceite de oliva. Le echamos un poquito de comino, pimentón dulce, sal y cúrcuma, y las dejamos caramelizar una o dos horas moviéndolas cada 5 minutos hasta que queden bien doraditas.

Cuando las cebollas se hayan caramelizado (apartamos un poco para emplatar después), agregamos ajo y jengibre triturado, tomate concentrado o tomate triturado, y lo sofreímos un rato más para que se integren bien los sabores. Le añadimos las lentejas cocidas y removemos bien para que se mezclen con las cebollas. Incorporamos el caldo de pollo hasta que cubra y un poco de yogur o leche de coco. Lo dejamos cociendo a fuego medio durante 25 minutos, y ya lo podremos servir.

Lo emplatamos y lo decoramos con la cebolla caramelizada y una guarnición de arroz cocido.

GAZPACHUELO (A MI MANERA) CON TRUCHA MARINADA

DIFICULTAD: ●●●●●

El gazpachuelo es tradición en un plato, pero probando a hacerlo un día quise darle un pequeño giro sin perder su esencia. La trucha aporta un matiz diferente, pero la base sigue siendo la misma: el calor de un plato que reconforta el alma. Quiero que lo pruebe y vea que, aunque la versión original siempre será insuperable, hay formas de honrarla con un toque personal.

Gazpachuelo (a mi manera) con trucha marinada

INGREDIENTES

DEL FUMET DE PESCADO:

- 2 truchas grandes (y todas las cáscaras y espinas de pescado que tengáis)
- 1 cebolla
- 1 puerro
- 5 dientes de ajo
- 1 chorrito de brandi
- 1 cucharadita de pimentón

DEL CALDO:

- 150 g de patatas
- 1 puñado de arroz

DEL ALIOLI:

- 1 huevo
- 1 diente de ajo
- 1 chorrito de limón
- 200 ml de aceite de girasol
- sal al gusto

DEL MARINADO:

- 100 ml de salsa de soja
- 70 ml de zumo de naranja
- 30 ml de zumo de limón
- 30 g de miel
- sal al gusto

ELABORACIÓN

Primero vamos a limpiar la trucha y separar los lomos de las espinas y la cabeza. Ponemos los lomos a marinar en una mezcla de soja, miel, zumo de naranja, zumo de limón y sal, y lo dejamos tapado durante al menos 2 horas (mejor si son 24 horas).

Precalentar el horno a 180 °C. Las espinas y la cabeza (y más espinas que tengamos por la nevera) las metemos al horno durante 30 minutos para dorarlas. Mientras tanto sofreímos cebolla, ajo, puerro y una cucharadita de pimentón, y le añadimos las espinas. Lo cubrimos con agua, echamos un chorrito de brandi y lo dejamos cociendo 30 minutos.

Cuando lo tengamos, colamos todas las espinas y la cabeza, y ponemos nuestro fumet a cocer con taquitos de patata pequeños y con un puñado de arroz para que suelten todo su almidón y espesen el caldo. Lo dejamos cocer 20 minutos. Apagamos el fuego y dejamos que se enfríe.

Mientras tanto, montamos un alioli en un vaso de batidora emulsionando el huevo, el ajo, la sal y el limón con el aceite de girasol. Cuando esté montado le echamos un poco del caldo que está cociendo con las patatas y el arroz mientras seguimos batiendo para que no se corte.

Colamos el caldo de la olla que estaba cociendo con patatas pequeñas y arroz. Le añadimos a este caldo la mezcla de mayonesa mientras removemos. Lo movemos hasta que se espese el caldo y lo ajustamos de sal.

Hacemos los lomos de trucha a la plancha y nos ponemos a emplatar. Echamos el gazpachuelo en un plato y colocamos el filete troceado en medio con la piel mirando arriba, la tostamos un poco con el soplete, ¡y listo!

PAELLA DE RABO DE TORO Y SETAS CARAMELIZADAS

DIFICULTAD: ●●●●●

Esta receta es un homenaje a las comidas largas de sobremesa, en las que disfrutamos no solo de la comida, sino de la compañía. Esta paella es perfecta para reunirnos en familia o con amigos sin prisas. Pura mezcla de tradición e innovación en cada bocado.

Paella de rabo de toro y setas caramelizadas

INGREDIENTES

DEL RABO DE TORO:

- 20 ml aceite de oliva
- 1 rabo de toro
- 20 g de apio
- 1 puerro
- 1 cebolla
- 2 zanahorias
- 1 pimiento verde
- 1 pimiento rojo
- 1 cabeza de ajos
- 1 chorrito de tomate triturado
- vino tinto
- coñac o brandi
- sal al gusto

DE LA SALMORRETA:

- 5 ñoras
- 1 cabeza de ajos
- 1 puñado de perejil
- 300 g de tomate triturado
- 100 ml de agua
- 30 ml de aceite de oliva

DE LAS SETAS CARAMELIZADAS:

- 200 g de setas (las que prefiráis)
- 50 g de azúcar
- 100 ml de vino tinto
- sal al gusto

DEL ARROZ:

- 100 ml de aceite
- 3 cucharadas de salmorreta
- 1 cucharada de pimentón
- ½ cebolla
- 200 g de arroz bomba
- 500 ml del caldo de rabo de toro
- 70 ml de zumo de naranja
- 30 ml de zumo de limón
- 30 g de miel
- sal al gusto

ELABORACIÓN

Primero ponemos las ñoras en agua caliente para que se ablanden. Mientras, preparamos el guiso. Salpimentamos el rabo de toro y lo marcamos por todos los lados en una olla con aceite de oliva. Lo apartamos y sobre ese mismo aceite echamos toda la verdura troceada y la pochamos hasta que se quede bien blandita. Entonces vertemos un chorrito de tomate triturado y un poco de sal. Lo mezclamos todo bien durante 1 minuto y metemos de nuevo el rabo. Lo cubrimos con 2 partes de vino y una de brandi, lo ponemos a fuego alto para que hierva. Lo dejamos ebullir 2 minutos, lo tapamos, lo bajamos a fuego medio para que cueza 2-3 horas, hasta que se quede tan blandito que se deshaga.

Entretanto hacemos nuestra salmorreta salteando en una sartén con aceite la piel de las ñoras y el ajo troceado. Cuando se haya dorado echamos el perejil, el tomate triturado y el agua, y lo dejamos cocer a fuego lento hasta que reduzca. Lo trituramos todo y lo apartamos para usarlo luego.

En una sartén añadimos el azúcar y el vino tinto, y lo movemos a fuego bajo hasta que el azúcar se disuelva. Añadimos las setas troceadas y subimos el fuego, le echamos sal y lo vamos moviendo hasta que el vino se evapore. Cuando estén listas las apartamos y seguimos con el rabo de toro.

Sacamos el rabo de toro, esperamos a que se enfríe un poco y lo desmenuzamos descartando los trozos de grasa y sobre todo las ternillas. Colamos el caldo y lo reducimos un poco poniéndolo a fuego alto hasta que coja algo de consistencia (no demasiado). Lo ajustamos de sal y echamos un poquito de caldo al rabo desmenuzado para que coja todo el sabor (también lo ajustamos de sal).

En una paellera con aceite echamos la cebolla picada y dejamos que dore. Le añadimos el pimentón y la salmorreta, y lo dejamos 2 minutitos más. Entonces agregamos el arroz bomba y lo nacaramos 2 minutos. Le añadimos unas cucharadas del rabo de toro deshilachado y el caldo mientras removemos y lo dejamos 8 minutos hirviendo a fuego medio-alto. Bajamos a fuego medio-bajo para que se haga otros 8 minutos. Le añadimos por encima montañitas del rabo de toro deshilachado y las setas troceadas y lo dejamos 50 segundos a fuego alto para conseguir el socarrat del fondo. Apagamos el fuego, lo tapamos con un trapo durante 5 minutos para que repose, y ya tenemos uno de los mejores arroces que vamos a probar en nuestra vida.

PULPO A LA CANARIA CON MOJO ROJO

DIFICULTAD: ●●●●●

Cada abuela tiene su propio truco para cocer el pulpo. Este es el mío y espero que mi abuela lo apruebe. El pulpo a la gallega es imprescindible en cualquier comida familiar, pero ¿por qué no cambiar un poco la tradición? Es una receta a la que le tengo mucho cariño y espero que muchas familias puedan disfrutar de ella.

Pulpo a la canaria con mojo rojo

INGREDIENTES

DEL PULPO:

- 1 pulpo
- 200 g de patatas
- sal gorda al gusto

DEL MOJO ROJO:

- 1 pimiento rojo
- 1 cucharadita de pimentón dulce
- 1 cucharada de semillas de comino
- orégano al gusto
- 2 cucharadas de vinagre blanco
- 200 ml de aceite de oliva
- sal al gusto
- 2 guindillas de cayena (opcional)

ELABORACIÓN

Primero vamos a lavar el pulpo con agua y sal para quitarle toda la suciedad. Luego lo metemos un par de días o al menos 24 horas al congelador para que se rompan las fibras del pulpo.

Una vez descongelado, ponemos agua a hervir. Cuando esté hirviendo, cogemos al pulpo de la cabeza y lo metemos y sacamos del agua 5 veces para asustarlo. Después lo dejamos dentro del agua para que cueza 12 minutos por cada kilo que pese el pulpo. Metemos también patatas cortadas.

Mientras tanto, hacemos el mojo rojo canario metiendo en un vaso de batidora semillas de comino, ajo, pimiento rojo, pimentón dulce, orégano, vinagre, aceite y sal (si queremos que pique también le añadimos una guindilla). Lo batimos todo hasta que emulsione y ya tenemos nuestra salsa.

Sacamos el pulpo, le cortamos las patas y las doramos a la plancha con un poco de aceite. Lo partimos en porciones, le echamos sal gorda por encima y ya podemos emplatar. En una cama de mojo ponemos las patatas y el pulpo, y a disfrutar.

FOCACCIA GRIEGA DE QUESO FETA, MIEL Y CEBOLLA CARAMELIZADA

DIFICULTAD: ●●●●●

El pan, como para todo español, es parte fundamental de su vida, y esta focaccia es mi manera de mostrarle que hay muchas formas de disfrutarlo. La combinación de queso feta y miel es perfecta para su paladar: algo salado, algo dulce y todo envuelto en una textura esponjosa y crujiente.

Focaccia griega de queso feta, miel y cebolla caramelizada

INGREDIENTES

DE LA MASA:

- 500 g de harina
- 400 g de agua templada
- 15 ml de aceite de oliva
- 6 g de levadura de panadero
- 20 g de miel
- 15 g de sal fina

DE LA CEBOLLA CARAMELIZADA:

- 1 cebolla
- 1 chorrito de aceite
- sal al gusto

DE LOS TOPPINGS:

- queso feta al gusto
- miel al gusto
- eneldo al gusto
- cebolla caramelizada al gusto

ELABORACIÓN

Primero vamos a mezclar en un bol agua templada, levadura de panadero, aceite y miel. Entonces le añadimos la harina y la sal, y lo mezclamos todo hasta que se forme una masa húmeda. Lo dejamos reposando tapado durante 15 minutos. Después cogemos la masa y la plegamos sobre sí misma al menos 8 veces. La tapamos de nuevo y la dejamos reposar otros 15 minutos más. Entonces repetimos los pliegues y la dejamos reposar una hora y media a temperatura ambiente.

Mientras tanto, nos ponemos con la cebolla, la cortamos en juliana y la salteamos a fuego medio en una sartén con aceite y sal hasta que reduzca su tamaño y coja ese característico color dorado (es importante moverlas cada 4-5 minutos para que no se quemen).

En una bandeja con papel de horno y aceite colocamos nuestra masa y la plegamos sobre sí misma dos veces, le damos la vuelta, la tapamos y la dejamos reposar otra hora y media.

Precalentamos el horno a 220 °C y mientras se calienta echamos un poco de aceite de oliva por encima de nuestra masa y la extendemos hundiendo nuestros dedos en ella. Añadimos por encima entonces la cebolla caramelizada, los cubitos de queso feta, el eneldo y la miel. La metemos en el horno en la posición más baja y la dejamos unos 22-24 minutos hasta que se dore bien.

La sacamos y la ponemos sobre una rejilla para que se enfríe durante al menos 15 minutos, y ya podemos disfrutarla en bocadillos o como acompañamiento.

RODABALLO MARINADO EN MISO

DIFICULTAD: ● ● ● ● ●

Esta receta es una reinterpretación de uno de los platos más famosos del mundo, pero adaptado a un contexto más casero. Mi abuela, al igual que mi madre, ama el mar y todo lo que tiene que ver con él, por lo que cada vez que veo una receta de pescado, me acuerdo de ella. El miso realza el sabor suave del rodaballo, sin ocultarlo. Me gusta pensar que, al probarlo, descubrirá una nueva manera de disfrutar algo que ya le encanta.

Rodaballo marinado en miso

INGREDIENTES

DEL MARINADO:

- 90 g de miso blanco
- 60 ml de sake
- 60 ml de mirin
- 30 g de azúcar blanco

DEL RODABALLO:

- 4-5 filetes de rodaballo (u otro pescado graso)

ELABORACIÓN

Primero vamos a lavar el rodaballo con sake y a secarlo con papel absorbente. Lo metemos en un recipiente para marinarlo después y lo apartamos.

Entonces, en una sartén mezclamos el mirin, el sake, el azúcar y el miso blanco. Lo cocinamos a fuego medio durante 5 minutos y se lo echamos al rodaballo. Nos aseguramos de que el rodaballo se impregna del todo y lo dejamos reposar al menos 24 horas en la nevera (preferiblemente 2-3 días).

Precalentamos el horno a 200 °C. Colocamos el rodaballo en una bandeja y lo metemos durante 12 minutos o hasta que se quede dorado.

Lo emplatamos acompañado, si queremos, de arroz blanco.

TRES LECHES DE LIMÓN Y CARDAMOMO RELLENO DE MANJAR BLANCO

DIFICULTAD: ●●●●●

El bizcocho de mi abuela es uno de los recuerdos favoritos de mi infancia, y este tres leches es un guiño a este sabor que me ha marcado. El limón y el cardamomo traen una frescura inesperada, pero lo más importante es que mantiene el sabor del bizcocho que amo y esa cremosidad parecida a una torrija que sé que le encanta. Es un abrazo dulce en cada bocado.

Tres leches de limón y cardamomo relleno de manjar blanco

INGREDIENTES

DEL BIZCOCHO:

- 3 huevos grandes a temperatura ambiente
- la ralladura de 1 limón
- 200 g de azúcar blanco
- 100 ml de leche
- 180 g de harina
- 10 g de levadura en polvo
- sal al gusto

DEL REMOJO:

- 500 ml de leche entera
- 500 ml de leche condensada
- 500 ml de leche evaporada
- 3 cardamomos
- la piel de 1 limón

DEL MANJAR BLANCO:

- 500 ml de leche evaporada
- 500 ml de leche condensada

DEL MERENGUE SUIZO:

- 4 claras grandes
- 225 g de azúcar blanco
- 1 chorrito de zumo de limón

ELABORACIÓN

Primero vamos a batir 3 huevos grandes con azúcar y la ralladura de 1 limón durante 10 minutos hasta que se queden bien espumosos. Entonces le añadimos la mitad de la harina, la levadura y la sal. Lo mezclamos bien y añadimos la leche. Cuando todo esté integrado agregamos la segunda parte de la harina y lo seguimos mezclando hasta que adquiera una consistencia homogénea.

Precalentamos el horno a 180 °C. Pasamos la mezcla a un molde-bandeja rectangular engrasado y lo horneamos durante 25 minutos. Cuando saquemos el bizcocho lo dejamos enfriar otros 30 minutos antes de continuar.

Mientras se hace el bizcocho y reposa, cogemos una olla y calentamos la leche entera con 3 cardamomos y la piel de limón. Justo cuanto empiece a ebullir lo apartamos del fuego y dejamos que se enfríe. Luego en un vaso de batidora mezclamos la leche con cardamomo con la leche condensada y la leche evaporada.

Ahora nos toca el manjar blanco. En una olla calentamos la leche evaporada y la leche condensada, y movemos sin parar hasta que espese. Si lo queremos más oscuro seguimos moviéndolo hasta que coja el color que queramos. Lo dejamos enfriar y volvemos a nuestro bizcocho.

Cortamos el bizcocho por la mitad para formar dos cuadrados y los pinchamos por todas partes con un palillo o con un tenedor. Sacamos uno de los cuadrados de bizcocho y lo pasamos a una fuente honda. Ahí lo empapamos con la mitad de nuestra mezcla de leches y esperamos a que lo absorba todo. Con una manga pastelera echamos por encima nuestro manjar blanco. Colocamos la otra parte del bizcocho encima y lo empapamos con el resto de la leche.

En un bol añadimos 4 claras grandes, azúcar blanco y un chorrito de zumo de limón. Lo mezclamos y lo ponemos en un baño maría hasta que se derrita el azúcar. Lo pasamos a nuestra amasadora y lo batimos hasta que se forme nuestro merengue.

Decoramos el bizcocho con el merengue con una manga pastelera, lo sopleteamos, ¡y listo!

LA TORRIJA CARAMELIZADA DE MI INFANCIA

DIFICULTAD: ●●●●●

Esta torrija no es solo un postre, es un recuerdo. Mi abuela siempre ha hecho las torrijas tradicionales con pan duro y fritas, sin embargo, a lo largo de los años he ido cambiando la receta hasta conseguir la que es para mí la mejor torrija del mundo. Un dulce que me acompaña desde pequeña, pero con un toque actual que sé que le encantará.

La torrija caramelizada de mi infancia

INGREDIENTES

DEL BRIOCHE:

- 380 g de harina de fuerza
- 6 g de levadura seca de panadero
- 70 g de azúcar blanco
- 10 g de sal
- 130 ml de leche templada
- 1 huevo
- 60 g de mantequilla

DEL TANG ZHONG:

- 20 g de harina
- 100 ml de leche

DEL REMOJO:

- 1 l de leche entera
- 150 g de azúcar
- la piel de 1 limón y 1 naranja
- 1 rama de canela

ELABORACIÓN

Primero vamos a preparar la masa de nuestro brioche. En una sartén mezclamos la leche y la harina para hacer nuestro tang zhong (tiene que quedar con una consistencia espesa) y lo apartamos mientras preparamos el resto de la masa. En un bol ponemos la harina, la levadura seca, el azúcar, la sal, el huevo, la leche templada y el tang zhong. Lo amasamos (preferiblemente con una amasadora) hasta que se forme una masa y vamos incorporando la mantequilla lentamente mientras seguimos amasando. Cuando todo se haya integrado y la masa esté suave y elástica, formamos una bola, la dejamos en el bol, lo tapamos y lo dejamos reposar 1 hora para que doble su tamaño.

Cuando ya haya crecido nuestra masa, la cogemos y la dividimos en 4 partes. Cogemos una de las partes, la estiramos, doblamos sus partes laterales como si fueran dos solapas, y lo enrollamos como si se tratara de un rollito de canela. Hacemos lo mismo con las demás partes. Después las metemos en un molde rectangular engrasado con mantequilla o aceite. Lo tapamos de nuevo y lo dejamos reposar una hora y media para que la masa vuelva a crecer.

Mientras tanto, calentamos en una olla leche entera con azúcar, una rama de canela y la piel de limón y naranja. Lo probamos y ajustamos el dulzor al gusto. Cuando empiece a ebullir lo apartamos del fuego y lo dejamos enfriar.

Precalentamos el horno a 180 °C. Cuando nuestra masa esté lista, la horneamos 35 minutos hasta que se quede doradita (depende mucho del horno, así que, si vemos que se está dorando demasiado, lo sacamos un poco antes). Desmoldamos y lo dejamos enfriar a temperatura ambiente (preferiblemente sobre una rejilla).

Cortamos el bizcocho en rebanadas, las hundimos en la leche y las doramos en la sartén con mantequilla. Pasamos la torrija a un plato, espolvoreamos azúcar por encima y sopleteamos para caramelizarla.

EL HIJO DE UN BLONDIE Y UN PASTEL DE NATA

DIFICULTAD: ●●●●●

Este postre no es el tipo de dulce que mi abuela haría, pero me hace ilusión que lo pruebe y se sorprenda, ya que es una mezcla inesperada de texturas y culturas que, aunque nunca se os habría ocurrido, nunca la podréis olvidar.

El hijo de un blondie y un pastel de nata

INGREDIENTES

DEL HOJALDRE:

- 1 lámina de hojaldre
- azúcar glas para espolvorear

DEL BLONDIE:

- 220 g de mantequilla
- 2 huevos grandes
- 1 yema
- 250 g de azúcar moreno
- 200 g de harina
- sal al gusto
- 1 cucharadita de canela

DEL PASTEL DE NATA:

- 200 g de azúcar blanco
- 20 g de maicena
- la ralladura de 1 limón
- 200 ml de nata (35 % de grasa)
- 275 ml de leche entera
- 8 yemas

ELABORACIÓN

Primero vamos a preparar el hojaldre crujiente de la base. En una bandeja con papel de horno colocamos una lámina de hojaldre y espolvoreamos azúcar glas por encima. La tapamos con otro papel de horno y otra bandeja. Precalentamos el horno a 200 °C y lo horneamos unos 17 minutos (si todavía no está dorado lo dejamos 5 minutos más).

Mientras tanto, en una olla a fuego medio ponemos la mantequilla para que se derrita. La vamos a remover constantemente durante 10-15 minutos hasta que esté tostada (es muy importante que no se queme), y la pasamos rápido a un bol para cortar la cocción. Le añadimos el azúcar y lo mezclamos bien. Cuando la mezcla se haya enfriado incorporamos dos huevos y una yema y lo mezclamos todo. Añadimos entonces la harina, la canela y la sal, y lo removemos de nuevo hasta que se forme una consistencia homogénea.

Ahora nos ponemos con el pastel de nata. En un cazo a fuego medio-bajo echamos el azúcar, la maicena, la canela, la ralladura de limón, la nata y la leche. Sin parar de moverlo vamos agregando las yemas y, cuando se haya integrado todo, lo apartamos del fuego.

Colocamos el hojaldre en un molde con papel de horno y echamos la mezcla del blondie por encima. Lo metemos al horno a 170 °C durante 10 minutos o hasta que la superficie se empiece a hacer. Entonces lo sacamos y echamos por encima la crema de nata. Subimos la temperatura a 250 °C y lo horneamos 15 minutos más.

Lo sacamos, lo dejamos enfriar, lo cortamos en cuadraditos y le espolvoreamos un poco de canela por encima.

PARA MIS AMIGOS

Durante mucho tiempo no supe lo que era tener un grupo de amigos con los que reír, compartir y sentirme en casa. Ahora que los tengo, quiero celebrarlo cocinando para ellos todo lo que sé que les va a encantar. Esta parte del libro es puro disfrute, platos para compartir, para sorprender, para que se chupen los dedos y me digan: «Esto está de locos». Es mi forma de decirles que me hacen sentir querida y parte de algo. Cocinar para ellos me emociona porque cada receta es una excusa más para reunirnos y celebrar que nos hemos encontrado.

ÉCLAIR RELLENO DE QUESO DE CABRA Y MANZANA, Y GLASEADO DE FUA

DIFICULTAD: ●●●●●

Cada capa tiene una textura, un contraste, una sorpresa. Lo hice pensando en lo mucho que disfrutan mis amigos de lo inesperado, y de su ilusión por probar cosas nuevas. Sería el entrante perfecto para una noche de esas que terminan con sobremesa eterna.

Éclair relleno de queso de cabra y manzana, y glaseado de fua

INGREDIENTES

DEL ÉCLAIR:

- 250 ml de agua
- 125 g de mantequilla
- 7 g de sal
- 40 g de azúcar
- 150 g de harina
- 200 g de huevo

DEL RELLENO:

- 200 g de queso de cabra
- 100 g de queso crema
- ½ manzana troceada
- sal

DEL GLASEADO DE FUA:

- 2 chalotas
- 10 g de mantequilla
- 150 g de fua
- 100 ml de caldo de carne o de pollo
- 50 ml de nata
- sal

ELABORACIÓN

Primero vamos a hacer la masa de nuestros éclairs. Calentamos en una olla el agua con la mantequilla, la sal y el azúcar. Cuando empiece a hervir, echamos la harina de golpe y lo vamos moviendo para formar nuestra masa. Seguimos moviéndolo con la espátula a fuego bajo, hasta que el interior de la masa llegue a 85 °C. Una vez que lo tengamos, lo pasamos a nuestra amasadora y le echamos los huevos batidos poco a poco hasta que consigamos una consistencia suave pero no demasiado líquida.

Precalentamos el horno a 240 °C. Pasamos la masa a una manga pastelera y sobre una bandeja con papel de horno hacemos las formas de nuestros éclairs. Metemos los éclairs al horno y lo apagamos para que se vayan haciendo con el calor residual durante 20 minutos. Después volvemos a encender el horno y los cocinamos 25 minutos más. Cuando estén bien doraditos los sacamos y los dejamos enfriar mientras preparamos el relleno.

En un vaso de batidora batimos el queso de cabra con el queso crema y la manzana troceada con una pizca de sal. Lo metemos en una manga pastelera y rellenamos los éclairs pinchándolos con la manga en la parte de abajo.

Por último, para preparar el glaseado salteamos dos chalotas picadas en mantequilla. Cuando la chalota esté translúcida, vertemos el caldo de carne o de pollo y lo cocemos 1 minuto más. Añadimos nuestro fua troceado y lo cocinamos hasta que prácticamente se disuelva en la salsa. Le echamos nata para cocinar, lo dejamos 2 minutitos más y lo pasamos por la batidora para que no queden grumos. Ajustamos con sal al gusto.

Hundimos la parte superior de los éclairs en la salsa de fua para glasearlos. Para decorarlos podemos ponerle más queso de cabra por encima con una manga pastelera y trocitos de manzana.

Los emplatamos y ya tenemos un entrante espectacular para disfrutar con familia o amigos.

NINGYO YAKI DE CHORIZO CON CRUJIENTE DE QUESO TRUFADO

DIFICULTAD: ●●●●●

Esta receta es puro umami y puro espectáculo. Ideal para una noche de picoteo. Me imagino sirviéndolos en bandeja viendo cómo les cambia la cara al probarlo. Es de esas cosas que haces con ganas, sabiendo que van a triunfar.

Ningyo yaki de chorizo con crujiente de queso trufado

INGREDIENTES

DEL NINGYO YAKI:

- 50 ml de agua
- 2 g de bicarbonato
- 7 g de sal
- 30 g de azúcar
- 150 g de harina
- 2 huevos

DE LA BECHAMEL DE CHORIZO:

- 200 g de chorizo
- 40 ml de aceite de oliva
- 100 g de harina
- 800 ml de leche entera
- sal

DEL CRUJIENTE DE QUESO TRUFADO:

- 100 g de queso trufado

DEL ALIOLI:

- 1 huevo
- 1 diente de ajo
- 200 ml de aceite de girasol
- sal al gusto

ELABORACIÓN

Primero vamos a cortar el chorizo en trocitos y lo sofreímos en la sartén para que suelte todo su aceite. Lo apartamos y le añadimos 40 ml de aceite de oliva al aceite del chorizo. Cuando esté caliente incorporamos la harina y lo movemos para que no se formen grumos. Cuando la harina ya no esté cruda vertemos la leche poco a poco sin parar de moverlo. Volvemos a echar el chorizo y lo trituramos todo con la batidora de mano. Si queremos dejarlo muy fino, lo batimos mucho, y si queremos tropezones de chorizo, lo batimos menos.

Cuando ya tengamos nuestra bechamel de chorizo la pasamos a moldes esféricos y los metemos en el congelador durante al menos 2-3 horas para que queden completamente congelados.

Mientras tanto nos ponemos a hacer la masa de los ningyo yakis. En un bol mezclamos harina, agua, bicarbonato, azúcar, huevos y sal, hasta que consigamos una consistencia de puré.

Rallamos el queso trufado y lo ponemos en forma de circulitos (o la forma que prefiramos) en una bandeja con papel de horno. Precalentamos el horno a 180 °C, lo metemos durante 6-7 minutos y lo sacamos para que se enfríe.

Preparamos el alioli batiendo en un vaso de batidora un huevo y un diente de ajo con aceite y sal.

Sacamos nuestra bechamel en los moldes esféricos del congelador para atemperar y esperamos hasta que se puedan pinchar las bolitas con un palillo; las hundimos en nuestra masa y pasamos directamente a freírlas en aceite caliente (sin soltar el palillo). Una vez que tenga el color beige dorado que buscamos, lo pasamos a papel absorbente y le quitamos el palillo.

Por último, emplatamos los ningyo yakis con un puntito de alioli por encima y el crujiente de queso trufado.

SÁNDWICH CRUJIENTE DE CARRILLERA AL PEDRO XIMÉNEZ CON MOSTAZA ANTIGUA Y MIEL

DIFICULTAD: ●●●●●

Con este sándwich quise reunirlo todo: textura, sabor profundo, dulzor y acidez. Es reconfortante, pero con punch. *Ideal para una cena informal que se convierte en una de esas noches inolvidables. Es ese tipo de receta que nace de las ganas de cuidar, de agasajar a los que queréis con algo que no se esperan.*

Sándwich crujiente de carrillera al Pedro Ximénez con mostaza antigua y miel

INGREDIENTES

DE LA CARRILLERA:

- 20 ml de aceite de oliva
- 300 g de carrillera
- 20 g de apio
- 1 puerro
- 1 cebolla
- 2 zanahorias
- 1 pimiento verde
- 1 pimiento rojo
- 1 cabeza de ajos
- 1 chorrito de tomate triturado
- Pedro Ximénez
- aceite de oliva para marcar
- sal al gusto

DEL SÁNDWICH CRUJIENTE:

- 1 rebanada de pan de molde sin corteza
- 10 ml de aceite de oliva o mantequilla
- parmesano rallado

DE LA SALSA DE MOSTAZA Y MIEL:

- 30 g de mostaza antigua
- 20 g de miel

ELABORACIÓN

Primero salpimentamos las carrilleras y las marcamos por todos los lados en una olla con aceite de oliva. Las apartamos y sobre ese mismo aceite pochamos toda la verdura troceada hasta que se quede bien blandita. Entonces le echamos un chorrito de tomate triturado y una pizca de sal. Lo mezclamos todo bien durante 1 minuto y metemos de nuevo las carrilleras. Las cubrimos con Pedro Ximénez y lo ponemos a fuego alto para que ebulla. Lo dejamos hervir 2 minutos, lo tapamos, lo bajamos a fuego medio para que cocine 2-3 horas, hasta que la carne se quede tan blandita que se deshaga.

Sacamos las carrilleras, esperamos a que se enfríen un poco y las desmenuzamos descartando los trozos de grasa. Reservamos.

Ahora nos encargamos de la salsa. Colamos las verduras del guiso de las carrilleras y cocemos la salsa a fuego alto para que reduzca. Cuando tengamos la salsa con una consistencia menos líquida, le añadimos un poquito a la carne para que coja sabor y esté hidratada. Ajustamos de sal y lo metemos en una bolsa de plástico de congelación. La cerramos y la pinchamos para que salga todo el aire. Le colocamos un peso encima y la metemos en la nevera al menos 3 horas para que se quede compacto.

Transcurrido este tiempo sacamos la carne y la cortamos en rectángulos. Entonces cogemos una rebanada de pan de molde sin corteza y la aplastamos con un rodillo. Cortamos la rebanada en dos rectángulos igual de grandes que nuestro rectángulo de carne y hacemos un sándwich con las tres partes. Calentamos aceite o mantequilla en una sartén y hacemos el sándwich por ambos lados hasta que quede crujiente por fuera.

En un bol mezclamos mostaza antigua y miel. Para emplatar ponemos una cucharada del caldo de la carrillera en el plato y colocamos el sándwich encima. Por último, le añadimos un poco de la mezcla de mostaza y miel, y terminamos con el parmesano rallado por encima.

URAMAKI NIKKEI DE LANGOSTINOS EN TEMPURA CON CECINA Y SALSA DE AJÍ AMARILLO

DIFICULTAD: ●●●●●

A quién no le gusta el sushi, y más si es nikkei (fusión peruana-japonesa). La cecina, el ají, el crujiente del langostino..., todo ello provoca una explosión de sabores en la boca que no vas a poder olvidar. Mis amigos y yo comimos un uramaki parecido en un restaurante al que fuimos y les gustó tanto que desde entonces he estado desarrollando la receta perfecta para hacerlo cuando vengan a casa.

Uramaki nikkei de langostinos en tempura con cecina y salsa de ají amarillo

INGREDIENTES

DE LOS LANGOSTINOS EN TEMPURA:

- 150 ml de agua (preferiblemente con gas) o cerveza
- 100 g de harina
- 150 g de langostinos
- aceite para freír

DEL ARROZ:

- 100 g de arroz de sushi
- 200 ml de agua
- un chorrito de vinagre de arroz
- 1 cucharada de azúcar

DE LA SALSA DE AJÍ AMARILLO:

- 2 ajíes amarillos
- 2 dientes de ajo
- 1 cucharadita de mostaza
- 100 ml de leche evaporada
- 50 ml de aceite de girasol
- sal al gusto

DEL ROLL:

- 1 lámina de alga nori
- miel (opcional)
- láminas de cecina

ELABORACIÓN

Primero vamos a pelar los langostinos, los desvenamos y les hacemos pequeños cortes a lo largo del cuerpo. Por otro lado, mezclamos en un bol agua o cerveza muy fría con harina hasta que se forme una consistencia semilíquida. Hundimos los langostinos en la masa y los pasamos directamente a aceite caliente para freírlos.

Después lavamos el arroz de sushi varias veces hasta que el agua salga transparente. Lo pasamos a una olla con agua a fuego alto y cuando empiece a ebullir lo tapamos y bajamos el fuego a medio-bajo unos 15 minutos. Luego apagamos el fuego y lo dejamos tapado otros 10 minutos.

Mientras tanto preparamos nuestra salsa. Cortamos el ají amarillo desechando la parte del centro (a no ser que queramos que sea picante), lo hervimos 10 minutos y lo pasamos a un vaso de batidora con ajo, mostaza, leche evaporada, aceite de girasol y sal. Lo batimos para emulsionarlo. Lo reservamos.

Echamos vinagre de arroz y azúcar al arroz y lo mezclamos todo. Colocamos el alga nori sobre el tapete de sushi. Nos humedecemos las manos y extendemos una capa de arroz por encima. Le damos la vuelta al alga y colocamos los langostinos encima, untamos un poco de miel (si os gusta) y lo enrollamos para cerrarlo. Por último cubrimos el roll con las láminas de cecina y la salsa de ají.

DIFICULTAD: ●●●●●

Perfecto para compartir, para abrir una mesa y que las conversaciones fluyan con el pan en la mano. El hummus nos encanta, pero este lleva un punch *extra que lo convierte en algo adictivo. Es un guiño a las recetas que se comen mejor entre amigos. Me hace feliz preparar algo así, porque sé que lo vamos a disfrutar todos desde el primer segundo.*

Hummus awarma

INGREDIENTES

DEL HUMMUS:

- 50 g de garbanzos deshidratados
- 40 ml de tahini
- 1 chorrito de zumo de limón
- 2 dientes de ajo
- ½ cucharadita de comino
- ½ cucharadita de pimentón dulce
- 1 chorrito de aceite de oliva

DEL LOMO DE TERNERA:

- 200 g de lomo de ternera
- 1 cucharada de piñones
- sal y pimienta al gusto
- comino
- sumac al gusto (si no lo encontráis, podéis usar el mix de especias que prefiráis)

ELABORACIÓN

Primero dejamos los garbanzos en remojo durante toda la noche. Entonces los cocemos hasta que estén blanditos. Los metemos en una trituradora con dos cubitos de hielo, un chorrito de aceite, el ajo, el tahini, sal, el chorrito de limón, el pimentón y el comino. ¡Listo!

Cortamos nuestro lomo de ternera en trocitos y lo aliñamos con sal, pimienta, comino y sumac. En una sartén con aceite los cocinamos con los piñones (no lo hacemos demasiado para que la carne no quede seca).

Por último, comenzamos a emplatar. Ponemos una cama de hummus en el plato y colocamos una montaña de la carne en el centro. ¡Y a disfrutar!

CROQUETA NIGIRI DE SALMÓN FLAMBEADO CON AZÚCAR MORENO

DIFICULTAD: ●●●●●

De pequeña me enseñaron que no se podía jugar con la comida, pero no creo que eso sea cierto. Experimentar con la comida te puede abrir nuevos horizontes, como por ejemplo este plato. Una combinación al azar que crea una fusión entre culturas que combinan lo tradicional con lo inesperado. Es el entrante o el snack perfecto para compartir con personas que aprecian lo divertida y creativa que puede ser la comida.

Croqueta nigiri de salmón flambeado con azúcar moreno

INGREDIENTES

DE LA BECHAMEL:

- 200 g de mantequilla o aceite de oliva
- 200 g de harina
- 1,5 l de leche de oveja
- 5 láminas de gelatina

DEL SALMÓN:

- 200 g de salmón
- sal
- 1 cucharadita de vinagre de arroz
- 1 cucharadita de azúcar moreno

DE LAS CROQUETAS:

- 2 huevos
- harina para rebozar
- panko o pan rallado para rebozar

ELABORACIÓN

Primero vamos a hacer nuestra bechamel líquida. Ponemos las láminas de gelatina en remojo y reservamos. Calentamos la mantequilla o el aceite en una sartén. Añadimos la harina y lo movemos para que no se formen grumos. Cuando la harina ya no esté cruda, vertemos poco a poco la leche sin parar de mover. Agregamos las láminas de gelatina a nuestra bechamel. Lo cocinamos y removemos unos minutos más. Lo pasamos a un recipiente de vidrio o plástico. Lo dejamos enfriar a temperatura ambiente y luego lo refrigeramos toda la noche.

Cogemos nuestro filete de salmón, lo llenamos de sal y lo dejamos reposar durante 30 minutos. Lo pasamos por agua y lo secamos con papel absorbente. Cortamos el filete en láminas finas, las rociamos con un poco de vinagre de arroz y las apartamos.

Sacamos la bechamel y nos ponemos a bolear las croquetas. Las pasamos primero por harina, después por huevo y por último por pan rallado o panko. Las freímos en aceite caliente y las colocamos sobre papel absorbente.

Emplatamos con una lámina de salmón sobre las croquetas y espolvoreamos un poquito de azúcar moreno sobre el centro. Lo flambeamos para que el azúcar caramelice, ¡y listo!

POLLO EN ADOBO CON CHIPS DE PLÁTANO

DIFICULTAD: ●●●●●

Este no es un plato de pollo cualquiera. Es uno de los mejores platos de pollo que vais a probar. La cocina filipina tiene mucha influencia española debido a que fue colonia nuestra, por lo que hay platos que tienen una raíz parecida a nuestra comida tradicional. En este caso se trata de una versión filipina de nuestro escabeche. Amo esta receta y sé que a ellos también les encantará.

Pollo en adobo con chips de plátano

INGREDIENTES

DEL MARINADO Y DEL CALDO:

- 5 contramuslos y muslos de pollo
- 80 ml de salsa de soja
- 60 ml de vinagre blanco
- 30 g de azúcar moreno
- 10 dientes de ajo aplastados
- 1 cucharada de granos de pimienta
- 2 hojas de laurel
- 1 cebolla
- 200 ml de caldo de pollo

DE LAS CHIPS:

- 1 plátano macho
- sal al gusto

ELABORACIÓN

Primero vamos a marinar el pollo en un bol con la salsa de soja, el vinagre, el azúcar moreno, los granos de pimienta negra, las hojas de laurel y los dientes de ajo. Dejamos que se impregne bien en la mezcla y lo dejamos reposar en la nevera al menos 1 hora (para máximo sabor, lo dejamos toda la noche).

Marcamos el pollo en una sartén con aceite para que se dore y lo apartamos. En la misma sartén salteamos la cebolla cortada en juliana hasta que se quede translúcida. Volvemos a echar el pollo junto con su marinado y el caldo de pollo, y lo tapamos para que cueza a fuego bajo durante 30 minutos.

Mientras tanto pelamos un plátano macho, lo cortamos en tiras con un pelador y le echamos un poco de sal. Las podemos freír en aceite o rociarlas con aceite en espray y meterlas en el airfryer hasta que queden crujientes.

Entonces volvemos al pollo. Subimos el fuego a medio-alto y empezamos a reducir la salsa. Cuando haya reducido y los trozos de pollo estén glaseados, nos preparamos para emplatar.

En un plato colocamos nuestro trozo de pollo en adobo y lo acompañamos con las chips de plátano. También podemos servirlo con arroz blanco.

PAVÉ DE PATATA CON RICOTTA TRUFADA

DIFICULTAD: ●●●●●

No hay amigos foodies *sin una buena patata en el centro de la mesa. Este pavé es la versión lujosa de algo que amamos todos: las patatas fritas. Crujiente por fuera, cremoso por dentro, con el perfume de la trufa para que nadie se olvide de este plato. Lo pienso y ya me imagino su cara de felicidad al probarlo.*

Pavé de patata con ricotta trufada

INGREDIENTES

DEL PAVÉ:

- 600 g de patata
- 200 ml de grasa de pato o mantequilla clarificada
- sal

DE LA RICOTTA:

- 200 g de ricotta
- 1 chorrito de zumo de limón
- 1 cucharada de miel
- 1 cucharadita de crema de trufa
- sal al gusto

DEL EMPLATADO:

- parmesano rallado

ELABORACIÓN

Si no tenemos grasa de pato, lo primero que tendremos que hacer es clarificar mantequilla. Cogemos un bloque de mantequilla y lo metemos en una bolsa de plástico de congelación. La hundimos en agua hirviendo para que se derrita y cuando la saquemos veremos que en el fondo de la bolsa se ha creado una parte blanca (el suero de la leche). Vamos a hacer un minicorte en una de las esquinas inferiores para sacar el suero y separarlo de lo que es nuestra mantequilla clarificada. Cuando hayamos quitado todo el suero, tapamos el agujero con la mano y vertemos la mantequilla clarificada en otro recipiente.

Ahora pelamos nuestras patatas y las cortamos en láminas muy finas con una mandolina. Las ponemos en un bol con la grasa de pato derretida o la mantequilla clarificada (depende de lo que usemos el sabor será distinto). Las impregnamos bien y las apilamos en un molde rectangular pequeño con papel de horno (echamos un poco de sal cada 3 capas). Precalentamos el horno a 170 °C. Las tapamos con más papel de horno, le ponemos un peso y las horneamos con calor arriba y abajo durante 2 horas. Cuando las saquemos, las dejamos enfriar un poco y las llevamos a la nevera para que reposen con el peso durante toda la noche.

Cuando vayamos a preparar el plato cogemos nuestra ricotta y la ponemos en una picadora con un poco de zumo de limón, miel y crema de trufa. Lo batimos todo y lo reservamos para emplatar.

Sacamos nuestras patatas y las cortamos en láminas cortitas, desechando los bordes (los podemos comer como snack). Las freímos hasta que se queden doraditas.

Colocamos el pavé en un plato y con una manga pastelera ponemos la ricotta por encima junto con un poco de parmesano rallado, ¡y listo!

TARTA DE QUESO CREMOSA

DIFICULTAD: ●●●●●

Nuestra debilidad. Esta tarta de queso es el broche de oro de todas nuestras cenas. Su textura, su sabor, su cremosidad... Es un clásico que nunca falta y que siempre vuelve a enamorar. Siento la responsabilidad de hacerla en todas las cenas con amigos, ya que es el postre que más les gusta. Pero a la vez me ilusiona mucho prepararla porque sé que con cada cucharada aparece una sonrisa. Es un dulce final que siempre deja ganas de más.

Tarta de queso cremosa

INGREDIENTES

DE LA GALLETA:

- 125 g de harina
- 1 huevo
- 60 g de mantequilla derretida
- 25 ml de leche
- 80 g de azúcar

DE LA TARTA:

- 700 g de queso crema
- 50 g de queso parmesano
- 125 ml de leche entera
- 250 g de azúcar
- 4 huevos

ELABORACIÓN

Primero vamos a hacer la base de galleta en un bol con harina, huevo, mantequilla derretida, leche y azúcar. Lo mezclamos para formar una masa y la ponemos en un molde engrasado aplanándola y estirándola con la mano (no dejamos que la capa sea demasiado gorda porque, si no, no se va a cocinar bien). Nos la llevamos al congelador 1 hora y nos ponemos a hacer la mezcla.

En un bol introducimos los huevos con el azúcar, el queso, el parmesano y la leche, y lo mezclamos hasta que no queden grumos. Lo vertemos en nuestro molde. Precalentamos el horno a 180 °C y lo metemos durante 30 minutos y después 4 minutos en modo grill para que se tueste.

La dejamos enfriar a temperatura ambiente durante al menos 4 horas y luego la refrigeramos toda la noche. Cuando la vayamos a servir, la sacamos 10 minutos antes para que se atempere.

CINNAMON ROLLS DE CHAI

DIFICULTAD: ●●●●●

Una merienda, un desayuno o un capricho nocturno: estos cinnamon rolls especiados con chai son dulces pero diferentes, suaves pero con personalidad. Como nuestras quedadas, que nunca son normales, siempre tienen ese algo especial. Me hace mucha ilusión hornearlos sabiendo que van a perfumar la casa entera antes de que llegue la primera persona. Y que, en cuanto los prueben, van a preguntar que cuándo los vuelvo a hacer.

Cinnamon rolls de chai

INGREDIENTES

DE LA MASA:

- 360 ml de leche
- 7 g de levadura de panadero
- 75 g de azúcar
- 600 g de harina de fuerza
- 1 cucharadita de canela
- ½ cucharadita de jengibre molido
- ½ cucharadita de nuez moscada
- ½ cucharadita de cardamomo molido
- ½ cucharadita de clavo molido
- sal
- 2 huevos
- 120 g de mantequilla

DE LA SALSA DE CARAMELO:

- 80 ml de nata
- 2 bolsitas de chai
- 112 g de mantequilla
- 220 g de azúcar moreno
- las especias de la masa al gusto
- 100 g miel
- sal

DEL RELLENO:

- 112 g de mantequilla
- 220 g de azúcar moreno
- las especias de la masa al gusto

DEL FROSTING:

- 170 g de queso crema
- 80 g de mantequilla
- 100 g de azúcar glas
- canela, nuez moscada, cardamomo y jengibre molido al gusto

ELABORACIÓN

Primero vamos a activar nuestra levadura poniéndola en un bol con 60 ml de leche templada y 15 g de azúcar. Lo dejamos reposar 10 minutos. Mientras tanto en un bol añadimos 300 ml de leche y 60 g de azúcar, las especias y la sal, y lo mezclamos todo. Incorporamos los huevos batidos, la mantequilla derretida y la mezcla de levadura. Lo mezclamos todo hasta que se forme una masa, la amasamos durante un rato, formamos una bola y la dejamos tapada durante 1 hora para que doble su tamaño.

Entretanto hacemos la salsa de caramelo. Ponemos a calentar la nata con las bolsitas de té chai durante 10 minutos y lo dejamos enfriar a temperatura ambiente. En un cazo calentamos entonces la mantequilla con el azúcar, la miel, la sal y las especias. Cuando esté todo derretido añadimos la nata infusionada. Vertemos esta mezcla por el fondo de nuestra fuente para el horno y reservamos.

Ahora preparamos el relleno. En un bol pequeño mezclamos el azúcar con la mantequilla derretida, la sal y las especias.

Extendemos nuestra masa y untamos por encima nuestra mezcla de mantequilla, azúcar y especias. Enrollamos la masa y con un cordón la cortamos en 12 rollitos. Las colocamos en la fuente con la salsa de caramelo, echamos nata entre ellos y lo tapamos durante 2 horas para que doblen su tamaño. Pasado este tiempo, precalentamos el horno a 180 °C y los horneamos durante 30 minutos.

Mientras se hacen en el horno preparamos el frosting. En un bol mezclamos el queso crema, la mantequilla, el azúcar glas y las especias. Removemos bien hasta que adquiera una consistencia cremosa.

Sacamos los cinnamon rolls, los decoramos con el frosting, ¡y a disfrutar!

PARA MÍ

Cocinar para mí ha sido uno de los aprendizajes más importantes de mi vida. Durante mucho tiempo dudé de mí incluso en lo más simple, pero hoy sé que también merezco los mejores ingredientes, las recetas más especiales y el mayor cariño. Esta parte es un homenaje al amor propio, a la mujer que estoy aprendiendo a ser. Aquí están mis platos favoritos, los que me reconcilian conmigo misma, los que me hacen sentir capaz, fuerte y feliz.

VIEIRAS GRATINADAS

DIFICULTAD: ●●●●●

Esta receta me conecta con mi infancia. Es uno de esos platos que llevo años sin probar, pero para los que tengo reservado un huequito permanente en mi cerebro. Las vieiras, dulces y suaves, combinadas con el crujiente salado del jamón son un contraste de sabores con el que me alegro de haber crecido.

Vieiras gratinadas

INGREDIENTES

DE LA BECHAMEL:

- 100 ml de aceite de oliva
- 100 g de harina
- 1,4 l de leche
- 4 vieiras
- 50 g de mejillones
- 50 g de gambas
- 50 g de jamón serrano
- sal al gusto

DEL EMPLATADO:

- 50 g de pan rallado
- 4 conchas
- 100 g de parmesano rallado

ELABORACIÓN

Primero cogemos nuestras vieiras, las separamos de las conchas y las reservamos. Pelamos un par de gambas, cogemos unos cuantos mejillones y cortamos el jamón serrano en taquitos.

En una sartén vamos a hacer una bechamel tostando la harina en el aceite o la mantequilla. Cuando ya no esté cruda, añadimos poco a poco la leche sin parar de remover para que no se formen grumos. Cuando ya tengamos la consistencia que queremos, incorporamos las vieiras, las gambas, los mejillones y el jamón. Lo batimos todo con la batidora para que se integren los ingredientes. Cocemos un rato más. Lo corregimos de sal.

Cogemos las conchas de las vieiras. Las rellenamos con la bechamel y por encima las cubrimos con una capa de pan rallado y otra de parmesano.

Precalentamos el horno a 200 °C y las horneamos hasta que se queden doraditas por encima y el queso esté gratinado.

Esperamos a que se enfríen un poco, las ponemos en un plato y ya nos las podemos comer con una cuchara.

HAMBURGUESA DE VACA MADURADA

DIFICULTAD: ●●●●●

Porque a veces lo que necesito es una buena hamburguesa. Esta receta es para mí la que sería mi hamburguesa perfecta y me la haría en un día especial en el que me apetezca disfrutar de verdad.

TIME to SHARE
HOMEMADE STYLE
AUTHENTIC
·BAKERY·
The natural leavened by
delicious bread

Hamburguesa de vaca madurada

INGREDIENTES

DEL BRIOCHE:

- 380 g de harina de fuerza
- 6 g de levadura seca de panadero
- 70 g de azúcar
- 10 g de sal
- 130 ml de leche templada
- 1 huevo
- 60 g de mantequilla

DEL TANG ZHONG:

- 20 g de harina
- 100 ml de leche

DE LA CEBOLLA CARAMELIZADA:

- 2 cebollas blancas
- 50 ml de aceite de oliva
- 1 chorrito de salsa de soja

DE LA HAMBURGUESA:

- 200 g de vaca madurada (preferiblemente picaña)
- 2 lonchas de queso havarti

DE LA SALSA:

- 1 huevo
- ½ diente de ajo
- 200 ml de aceite de girasol
- ½ cucharadita de salsa de soja
- ½ cucharadita de salsa Worcestershire
- ½ cucharadita de salsa de Bovril
- ½ cucharadita de azúcar
- sal al gusto
- tabasco al gusto

ELABORACIÓN

Primero vamos a hacer el pan brioche. En una sartén mezclamos la leche y la harina para elaborar nuestro tang zhong hasta obtener una consistencia espesa. Lo apartamos y hacemos el resto de la masa. En un bol ponemos la harina, la levadura seca, el azúcar, la sal, el huevo, la leche templada e incorporamos el tang zhong. Lo amasamos (preferiblemente con una amasadora) y vamos incorporando la mantequilla lentamente mientras seguimos amasando. Cuando todo quede bien integrado y la masa esté suave y elástica, formamos una bola, la dejamos en el bol, la tapamos y la dejamos reposar 1 hora para que doble su tamaño.

Cuando ya haya crecido nuestra masa, la cogemos y la dividimos en 6 bolas, y las ponemos en una bandeja con papel de horno. Las tapamos sin aplastarlas con un trapo o con papel de plástico, y las dejamos reposar una hora y media. Cuando hayan crecido las horneamos 30 minutos.

Mientras tanto caramelizamos las cebollas cortadas en juliana con aceite de oliva. Las dejamos caramelizar 1 o 2 horas moviéndolas cada 5 minutos hasta que queden bien doraditas. Cuando estén listas, les echamos un chorrito de salsa de soja y lo reducimos de nuevo.

En un vaso de batidora ponemos medio diente de ajo, un huevo, salsa Worcestershire, salsa de soja, azúcar, tabasco, salsa Bovril y aceite de girasol. Montamos la salsa con la batidora y la ajustamos de sal.

Entonces hacemos nuestras hamburguesas a la plancha. Cuando les demos la primera vuelta les ponemos dos lonchas de queso havarti a cada una y las dejamos cocinar hasta el punto que prefiramos (en mi caso, muy poco hechas) y las montamos. Cortamos los panes por la mitad, ponemos la carne encima y cubrimos con la cebolla caramelizada y la salsa.

BERENJENAS A LA CREMA

DIFICULTAD: ●●●●●

Me acuerdo de cocinar este plato cuando era niña con mi madre. Es uno de los primeros recuerdos de la cocina que tengo, y creo que es una de las razones por las que amo este plato y la cocina en sí. Es una mezcla increíble de sabores que llenará vuestro paladar de felicidad.

Berenjenas a la crema

INGREDIENTES

DE LA BECHAMEL:

- 100 g de harina
- 100 g de mantequilla o aceite
- 650 ml de leche
- sal al gusto

DE LAS BERENJENAS A LA CREMA:

- 200 g de gambas
- 200 g de jamón serrano
- 4 berenjenas
- parmesano rallado al gusto
- 1 chorrito de aceite de oliva

ELABORACIÓN

Primero vamos a pelar las berenjenas y a cortarlas en láminas de medio centímetro de grosor con una mandolina. Luego las pasamos por la sartén con un chorrito de aceite para marcarlas.

En esa misma sartén ponemos el aceite o la mantequilla y cuando esté caliente añadimos la harina. Cuando ya no esté cruda, agregamos la leche poco a poco. Lo movemos e integramos todo hasta que adquiera la consistencia deseada (como un puré espeso) y lo ajustamos de sal.

Montamos nuestras berenjenas en una fuente como si fuera una lasaña: vamos a poner una capa de berenjenas, una capa generosa de bechamel y por encima gambas crudas y trocitos de jamón serrano. Repetimos todas estas capas 3 veces, dejando una capa de bechamel al final y cubriéndola de parmesano rallado.

Precalentamos el horno a 180 °C y horneamos durante 20 minutos para que se dore por arriba. Servimos en un plato como si fuera una lasaña, ¡y listo!

CARBONARA MALLORQUINA DE SOBRASADA, MIEL Y GUANCIALE CRUJIENTE

DIFICULTAD: ●●●●●

Es mi forma de reinterpretar un clásico italiano. La sobrasada, en mi opinión, pega en casi cualquier elaboración. Y este es un buen ejemplo. Un contraste dulce-salado increíble con el que vais a soñar de noche. Creedme.

PUSH

Carbonara mallorquina de sobrasada, miel y guanciale crujiente

INGREDIENTES

DE LA PASTA:

- 100 g de harina
- 1 huevo

DE LA CARBONARA:

- 4 yemas
- 60 g de parmesano rallado
- pimienta al gusto
- 20 g de miel
- 60 g de sobrasada
- 50 g de guanciale
- sal al gusto
- aceite para sofreír

ELABORACIÓN

Primero vamos a preparar nuestra pasta. Hacemos un volcán de harina y echamos el huevo en el centro. Lo integramos todo y lo amasamos 15 minutos hasta que se quede una masa homogénea (si es necesario le añadimos unas gotitas de agua). La tapamos con papel de plástico, la dejamos reposar 30 minutos. Transcurrido este tiempo la estiramos con un rodillo o con la máquina de pasta en láminas muy finas. Las cortamos con la máquina o con un cuchillo en tallarines finos y los cocemos en agua con sal.

Mientras tanto ponemos en una sartén el guanciale en trocitos finitos y lo sofreímos hasta que quede bien crujiente. Lo apartamos y en esa misma sartén doramos nuestra sobrasada hasta que se deshaga. Lo apartamos.

Para la salsa, en un bol ponemos el parmesano rallado, las yemas de huevo, la miel, la pimienta y la sobrasada. Lo mezclamos todo hasta que se forme una pasta y le añadimos un poquito del agua de cocción de la pasta.

Echamos la pasta a la sartén con el aceite residual de la sobrasada y con el fuego medio-bajo incorporamos la salsa carbonara. Lo movemos todo hasta que se emulsione. Por último, agregamos el guanciale crujiente.

Servimos en un plato, ¡y a disfrutar!

FIDEUÁ CON TARTAR DE CARABINERO

DIFICULTAD: ●●●●●

Este plato es una celebración de mis propios gustos, de lo que me emociona cocinar y comer. La intensidad del tartar de carabinero y el alioli crean una combinación inmejorable con la fideuá que comía de pequeña.

Fideuá con tartar de carabinero

INGREDIENTES

DE LA FIDEUÁ:

- 200 g de fideos de fideuá
- 2 dientes de ajo
- 40 g de tomate triturado
- aceite de oliva
- caldo de pescado

DEL TARTAR DE CARABINERO:

- 200 g de carabineros o periquitos
- sal para aliñar
- aceite de oliva para aliñar
- 1 chorrito de zumo de limón

DEL CALDO DE CARABINERO:

- las cabezas y las cáscaras de nuestros carabineros
- 4 dientes de ajo
- 1 cebolla
- aceite de oliva para sofreír
- vino blanco para desglasar

DEL ALIOLI:

- 250 ml de aceite de girasol
- 1 diente de ajo
- 1 huevo
- sal

ELABORACIÓN

Primero vamos a pelar nuestros carabineros (o periquitos si los preferimos). Cortamos los carabineros en taquitos muy pequeños, los aliñamos con sal, aceite de oliva y un chorrito de zumo de limón. Reservamos.

Picamos la cebolla y los dientes de ajo y lo sofreímos en una sartén con aceite. Añadimos las cáscaras y las cabezas de los carabineros, y lo sofreímos todo durante 4 minutos. Lo desglasamos con vino blanco, lo cubrimos con agua y lo dejamos cociendo 20 minutos a fuego medio. Lo trituramos todo y lo calentamos a fuego medio (apartamos 10 ml para hacer el alioli más tarde).

En una paella ponemos el aceite y sofreímos el ajo picado y el tomate triturado. Añadimos los fideos de fideuá y los tostamos durante 5 minutos. Entonces vertemos el caldo caliente de las cáscaras y un poco de caldo de pescado hasta que cubra. Lo dejamos 12 minutos a fuego medio hasta que se evapore el caldo, lo ponemos 1 minuto más a fuego alto y lo apartamos.

En un vaso de batidora montamos el alioli con un huevo, aceite de girasol, un diente de ajo y sal, le echamos un poquito del caldo de antes y lo ligamos con la batidora. Entonces nos ponemos a emplatar.

Lo servimos en un plato y lo decoramos con una quenelle del tartar de carabinero encima y un punto de alioli.

XIAO LONG BAO DE CODORNIZ EN ESCABECHE CON CHIPS DE ZANAHORIA

DIFICULTAD: ●●●●●

Los xiao long baos son dumplings chinos rellenos de sopa y carne. Amo abrir uno con los dientes y que salga toda la sopita caliente. Son un plato muy interesante al que he querido dar mi toque personal fusionándolos con un plato tradicional español.

Xiao long bao de codorniz en escabeche con chips de zanahoria

INGREDIENTES

DE LAS CODORNICES EN ESCABECHE:

- 4 codornices
- 1 cebolla
- 4 dientes de ajo
- aceite de oliva para sofreír
- 1 cucharada de granos de pimienta
- 2 hojas de laurel
- 1 vaso de vino blanco
- 1 vaso de vinagre
- agua
- 1 sobre de gelatina en polvo por cada medio litro

DE LA MASA DE LOS XIAO LONG BAOS:

- 200 g de harina
- 100 ml de agua hirviendo
- sal al gusto

DE LAS CHIPS DE ZANAHORIA:

- 1 zanahoria
- aceite de oliva

ELABORACIÓN

Primero vamos a marcar las codornices en una olla con aceite y cuando estén doraditas las apartamos. En la misma olla sofreímos la cebolla y el ajo picados, y añadimos las hojas de laurel y los granos de pimienta. Cuando la cebolla ya esté transparente le echamos el vino, el vinagre y las codornices. Lo movemos todo y lo cubrimos con agua. Lo dejamos 20 minutos cociendo a fuego medio, lo apartamos y lo dejamos enfriar un rato.

Entretanto hacemos nuestra masa. En un bol ponemos la harina y la sal y vamos incorporando poco a poco el agua caliente. Amasamos bien nuestra masa, la tapamos y la dejamos reposar 30 minutos.

Sacamos las codornices y las desmenuzamos. Entonces colamos el caldo y le echamos la gelatina en polvo. Lo metemos 10 minutos en la nevera. Cuando se haya endurecido lo cortamos en trocitos pequeños. Mezclamos en un bol las codornices desmenuzadas y la gelatina del caldo, y ya tenemos nuestro relleno.

Estiramos nuestra masa y la cortamos en círculos medianos. En el centro del círculo ponemos una cucharadita del relleno y lo cerramos pellizcando sus lados y formando una espiral (podemos buscar un tutorial en TikTok o YouTube para que sea más fácil).

Hacemos nuestros xiao long bao al vapor unos 5 minutos. Mientras tanto freímos láminas finas de zanahoria para hacer unas chips.

Lo emplatamos todo, ¡y a disfrutar!

La manera de comer un xiao long bao es hacer un pequeño agujerito en la masa, beberte el caldo de dentro y luego comerte el dumpling entero (si os lo metéis en la boca directamente podríais quemaros).

KAISERSCHMARRN CON APFELMUS DE CURRY

DIFICULTAD: ●●○○○

Me crie en Alemania y el kaiserschmarrn es uno de mis mejores recuerdos de allí. Una tortita gigante rota en pedazos con una salsa de manzana que combina a la perfección. Sin embargo, he querido reinventarlo un poco como muchas de las cosas que me gusta cocinar. Es un plato calentito y reconocido, por lo que me lo haría un día nublado, con una manta y una peli.

Kaiserschmarrn con apfelmus de curry

INGREDIENTES

DE LA APFELMUS:

- 1 kg de manzanas
- 50 g de azúcar blanco o azúcar moreno
- 125 ml de agua
- ½ cucharadita de curry

DEL KAISERSCHMARRN:

- 200 g de harina
- 90 g de azúcar
- 20 g de azúcar avainillado
- sal al gusto
- 3 huevos
- 20 g de mantequilla derretida
- 20 g de mantequilla (para la sartén)
- azúcar glas (para decorar)

ELABORACIÓN

Primero vamos a pelar y a cortar las manzanas en trocitos. En una olla ponemos azúcar a calentar y cuando empiece a caramelizar añadimos los trocitos de manzana y media cucharadita de curry. Lo movemos bien y añadimos el agua para que empiece a cocer. Lo dejamos 15 minutos cociendo. Luego lo batimos todo con una batidora.

Entonces separamos las yemas de las claras y montamos las claras. Las reservamos. En el bol de las yemas añadimos azúcar, azúcar avainillado, sal, mantequilla derretida y leche. Mezclamos y cuando ya esté todo bien integrado añadimos la harina. Por último, incorporamos las claras montadas y las integramos con movimientos envolventes.

En una sartén derretimos mantequilla. Cuando esté caliente echamos toda nuestra mezcla. Dejamos que dore 5 minutos como si fuera una tortita americana. Luego la volteamos y rompemos en trocitos pequeños. Una vez dorados los apartamos.

Los ponemos en un plato junto con un bol de nuestra salsa de manzana y espolvoreamos azúcar glas por encima.

LOUKOUMADES GRIEGOS

DIFICULTAD: ●●●●●

Estos buñuelos bañados en miel son dulces y simples. Me recuerdan a un viaje que hice a Grecia con Pablo. Los haría en casa cada vez que quisiera recordar aquellos momentos tan bonitos. Crujientes por fuera y esponjosos como un dónut por dentro, se ganaron mi corazón desde la primera vez que los probé.

Loukoumades griegos

INGREDIENTES

DEL LOS LOUKOUMADES:

- 500 g de harina
- 650 ml de agua tibia
- 9 g de levadura de panadero
- 160 g de azúcar (+ 1 cucharadita)
- sal al gusto
- el zumo de ½ limón
- aceite para freír

ELABORACIÓN

Primero mezclamos en un vaso la levadura de panadero con 20 ml de agua tibia y una cucharadita de azúcar, y lo dejamos reposar 10 minutos. Mezclamos en un bol la harina, el azúcar y la sal, le añadimos la levadura y el zumo de limón y 630 ml de agua. Lo batimos todo hasta que consigamos una consistencia de puré espeso.

Lo metemos en una manga pastelera y hacemos un agujero que sea del mismo grosor que queremos para nuestros loukoumades. En una sartén con aceite caliente vamos sacando y cortando con una tijera la masa en forma de bolitas. Las freímos durante 5 minutos hasta que estén bien doradas y las sacamos.

Hay miles de opciones de toppings para comérselos (y todos están riquísimos). Os dejo unos cuantos:

- con miel
- con aceite y sal
- con aceite y azúcar (mi favorito)
- con chocolate fundido
- con Lotus...

COOKIES DE CHOCOLATE BLANCO CON CREMA DE PISTACHO Y PISTACHOS GARRAPIÑADOS

DIFICULTAD: ●●●●●

Estas cookies son el dulce rápido que hago cuando me quiero dar un capricho. Me hacen sonreír solo de pensar en ellas. La mantequilla tostada les da un sabor a nuez que me encanta, y los pistachos dulces hacen que cada bocado sea especial. Me haría una tanda entera solo para mí.

Cookies de chocolate blanco con crema de pistacho y pistachos garrapiñados

INGREDIENTES

DE LA MASA DE COOKIE:

- 125 g de mantequilla
- 100 g de azúcar blanco
- 150 g de azúcar moreno
- 1 huevo
- 1 minichorrito de esencia de vainilla
- 185 g de harina
- 9 g de levadura en polvo
- sal al gusto
- 120 g de chocolate blanco

DE LOS PISTACHOS GARRAPIÑADOS:

- 100 g de pistacho
- 100 ml de agua
- 100 g de azúcar

DE LA CREMA DE PISTACHO:

- 100 g de pistachos
- 50 g de chocolate blanco
- 1 cucharada de leche en polvo
- sal al gusto

ELABORACIÓN

Primero vamos a garrapiñar nuestros pistachos en una olla con agua y azúcar en partes iguales a fuego alto. No paramos de moverlo para que no se queme. Cuando se evapore el agua se quedará una especie de arenilla. Lo seguimos moviendo y veremos como poco a poco esa arenilla se va adhiriendo a los pistachos. Los pasamos a una superficie plana para que se enfríen y continuamos con la crema de pistacho.

En una batidora trituramos los pistachos durante 10 minutos hasta que empiecen a soltar sus aceites naturales y cambien a una textura más cremosa. Entonces añadimos el chocolate blanco fundido, un poco de sal y la leche en polvo. Lo mezclamos hasta tener una crema homogénea. La dejamos reposar en la nevera.

Ahora preparamos la masa de las galletas. Tostamos primero la mantequilla. La ponemos en una olla a fuego medio-alto hasta que se derrita y no vamos a parar de moverla durante 10-15 minutos hasta que empiece a coger un color más naranja-marrón. (Es muy importante que la movamos porque, si no, se nos va a quemar y a amargar). En cuanto veamos que ha hecho el cambio y huele como a frutos secos, la apartamos inmediatamente del fuego y la pasamos a otro recipiente para que no se queme con el calor residual.

En un bol mezclamos la mantequilla con el azúcar blanco y el azúcar moreno, y cuando esté bien integrado añadimos un huevo y un chorrito de esencia de vainilla. Entonces tamizamos por encima la harina, la sal y la levadura en polvo. Lo mezclamos todo bien con una espátula. Cuando sea una masa homogénea, agregamos el chocolate blanco cortado en trocitos y los pistachos garrapiñados. Removemos.

Cogemos una bola de masa, la aplastamos y en el medio ponemos una cucharadita de la crema de pistacho. Lo cerramos bien formando una bola y la colocamos en una bandeja con papel de horno. Cuando tengamos todas nuestras bolas hechas, las tapamos y las metemos 30 minutos en el congelador. Después precalentamos el horno a 180 °C y las horneamos entre 11-12 minutos. Podemos echar unas lascas de sal marina por encima, ¡y listo!

EL CRUASÁN CRUJIENTE QUE SE COMIÓ UN CANNOLO SICILIANO

DIFICULTAD: ●●●●●

Los cannoli son mi dulce favorito y esto es pura fantasía. Me encanta crear cosas que parecen imposibles. Esta mezcla entre cruasán y cannolo es mi forma de recordarme que puedo inventar, que puedo jugar, y que lo inesperado también es delicioso. Me haría esto para un desayuno especial, de esos en los que me despierto feliz.

INGREDIENTES

DE LA MASA DEL CRUASÁN:

- 230 g de mantequilla (para el bloque)
- 150 g de azúcar
- 500 g de harina de fuerza
- 140 ml de agua fría
- 140 ml de leche entera fría
- 60 g de mantequilla (para la masa)
- 11 g de levadura de panadero
- sal al gusto
- 1 huevo (para pintar los cruasanes)

DE LA RICOTTA:

- 2 l de leche fresca (importante) de cabra
- 80 ml de zumo de limón o vinagre
- 270 g de azúcar glas

DEL CARAMELO:

- 150 g de azúcar
- 150 ml de agua

El cruasán crujiente que se comió un cannolo siciliano

ELABORACIÓN

En una amasadora vamos a mezclar la harina, la levadura, el azúcar, la sal, la leche y el agua hasta que se forme una masa. Lo dejamos reposar 10 minutos. Luego añadimos la mantequilla fría en taquitos y lo seguimos mezclando hasta que se quede una masa homogénea. La tapamos y la dejamos reposar 1 hora a temperatura ambiente y 1 hora más en la nevera.

Mientras tanto vamos a hacer nuestra ricotta. Calentamos en una olla la leche fresca de cabra. Cuando esté a punto de hervir la cortamos con el zumo de limón. Lo movemos y cuando veamos que se ha separado el queso del suero de la leche, lo colamos todo con un trapo o trozo de tela y estrujamos para que salga todo el líquido. Lo refrigeramos al menos 5 horas dentro de un colador tapado por arriba y encima de un plato para que vaya saliendo el líquido.

Entretanto nos ponemos con nuestra lámina de mantequilla. Vamos a colocar sobre una lámina de papel de horno los taquitos de mantequilla. Doblamos los lados para cerrarlo por arriba y crear un cuadrado de papel cerrado con la mantequilla dentro. Golpeamos la mantequilla con un rodillo para ir aplastándola y que vaya cogiendo la forma del cuadrado de papel. La extendemos para que llegue a todas las esquinas. Lo llevamos 10 minutos al congelador.

Sacamos la masa de la nevera. La extendemos en forma de rectángulo con una anchura igual a la de nuestro cuadrado de mantequilla y el doble de largo. Colocamos la lámina de mantequilla en el medio y doblamos y unimos lo que sobra de la masa por los lados para encerrar la mantequilla dentro. Nos aseguramos de que la mantequilla esté encerrada dentro de la masa por todos los lados. La estiramos dándole golpecitos con el rodillo hasta formar un rectángulo largo. Entonces doblamos ambos lados del largo a la mitad y luego sobre sí mismo, como un libro. Lo tapamos con papel film y lo dejamos en el congelador 15 minutos. Lo volvemos a estirar y lo doblamos de nuevo, esta vez doblando un lado del largo y luego el otro por encima. Llevamos la masa a la nevera durante al menos 5 horas.

Sacamos nuestra masa y la estiramos todo lo que podamos. Con un cortador de pizzas vamos a partirla en porciones en rectángulos, y cada rectángulo, en dos triángulos. Cogemos los triángulos por su base y los enrollamos hacia dentro sin poner demasiada presión. Los colocamos en una bandeja de horno y los dejamos en el horno apagado durante 3 horas. Entonces los sacamos, los pintamos con huevo y los horneamos a 190 °C durante 25-30 minutos (hasta que estén bien doraditos). Apartamos unos cuantos cruasanes para comérnoslos tal cual y el resto los vamos a utilizar para nuestra receta.

En una sartén calentamos agua y azúcar a partes iguales hasta que cojan un color ámbar. Con la ayuda de unas pinzas hundimos la parte delantera del cruasán en el caramelo y lo dejamos secar sobre una bandeja. En un bol mezclamos la ricotta con azúcar glas hasta que se forme una pasta homogénea. (Si tiene muchos grumos la pasamos por un colador). La metemos en una manga pastelera, les hacemos un agujero a los cruasanes por debajo o por el lado, y los rellenamos con nuestra ricotta. ¡Y listo! El cruasán estará crujiente por fuera y por dentro tendrá la textura sedosa y cremosa de un cannolo.

AGRADECIMIENTOS

A mi madre, por ser un pilar fuerte en el
que siempre me he podido apoyar.

A Pablo, por ser mi inspiración diaria
y acompañarme en cada receta.

A mi abuela, por enseñarme que cocinar es cuidar.

A mi agencia, por ayudarme a materializar
todo mi amor en este libro.

Recordad que el ingrediente secreto
siempre es hacerlo con amor.
Gracias por leerme y por cocinar conmigo.

BIOGRAFÍA

RoRo (Rocío Bueno), además de ser un fenómeno viral en sí misma, es una creadora de contenido que ha logrado destacar en el panorama digital desde junio de 2024 por su estilo cercano y creativo, especialmente en el ámbito gastronómico. Su trabajo ha resonado ampliamente en redes sociales, alcanzando una visibilidad global que la ha llevado a aparecer tanto en medios nacionales como internacionales, entre ellos *The Times*.

Su talento en la cocina la llevó a ser finalista del programa *Next Level Chef*, además de recibir el Premio TikTok 2024 Referente en la categoría de Gastronomía y Viajes, y el premio GenZ Awards en la categoría de Gastronomía.

En 2025, formará parte del evento La Velada del Año, organizado por Ibai Llanos, cuyo mero anuncio ya ha contribuido a consolidar su presencia en nuevos formatos. Actualmente, reúne a una comunidad de más de 12 millones de seguidores en sus plataformas, en las que combina entretenimiento, cocina y autenticidad.

ÍNDICE DE RECETAS